SEMPRE LIGADO!

V924s Vollmer, Christopher.
Sempre ligado! : propaganda, marketing e mídia em uma era controlada pelo consumidor / Christopher Vollmer, Geoffrey Precourt ; tradução André de Godoy Vieira.– Porto Alegre : Bookman, 2010.
224 p. ; 21 cm.

ISBN 978-85-7780-638-6

1. Marketing. I. Precourt, Geoffrey. II. Título.

CDU 658.8

Catalogação na publicação: Renata de Souza Borges CRB-10/1922

CHRISTOPHER VOLLMER
GEOFFREY PRECOURT

SEMPRE LIGADO!

Propaganda, marketing e mídia em uma era controlada pelo consumidor

Tradução:
André de Godoy Vieira

Consultoria, supervisão e revisão técnica desta edição:
Ilton Teitelbaum
Mestre em Marketing pelo PPGA/UFRGS
Coordenador do curso de Publicidade e Propaganda da Faculdade de Comunicação Social da PUCRS

bookman®

2010

Obra originalmente publicada sob o título
Always On: Advertising, Marketing, and Media in an Era of Consumer Control
ISBN 9780071508285

Capa: *Rogério Grilho*

Leitura final: *Mônica Stefani*

Editora Sênior: *Arysinha Jacques Affonso*

Projeto e editoração: *Techbooks*

Unidade São Paulo
Av. Embaixador Macedo de Soares, 10.735 – Galpão 5 – Vila Anastácio
05035-000 – São Paulo – SP
Fone: (11) 3665-1100 Fax: (11) 3667-1333

SAC 0800 703-3444

IMPRESSO NO BRASIL
PRINTED IN BRAZIL

Para Jill, Ursula e Mark

OS AUTORES

CHRISTOPHER VOLLMER é vice-presidente da divisão de consumo global e ações de comunicação da Booz & Company, Inc., baseada em Nova York, e diretor da equipe North American Media and Entertainment. Seu trabalho é voltado à estratégia de crescimento e portfólio de marcas, bem como à propaganda e ao *marketing* de consumo nos setores de mídia, entretenimento e bens de consumo.

Desde que entrou para a empresa, em 1995, Christopher colaborou com a alta administração de muitas das principais empresas de mídia, entretenimento e bens de consumo do mundo. Ajudou a desenvolver estratégias de crescimento inovadoras, a fortalecer o desempenho operacional e a reprojetar suas estruturas organizacionais. Seus clientes cobrem uma vasta gama de setores, incluindo televisão, música, cinema, revista, *videogames*, esportes, internet de banda larga/mídia digital, tecnologia sem fio e bens de consumo.

Recentemente, Christopher comandou a campanha o Futuro da Propaganda, promovida pela empresa, que abordava o modo como o *marketing* e a mídia estão sendo redefinidos pelas tecnologias digitais e pelos novos modelos de negócios. Seu trabalho nessa área resultou no artigo "The Future of Advertising Is Now", publicado na edição do verão de 2006 da revista *strategy + business* e que serviu como primeira inspiração para *Sempre Ligado*. Suas entrevistas seguintes com importantes executivos de *marketing* e mídia foram incluídas em *CMO Thought Leaders: The Rise of the Strategic Marketer* (strategy + business books, 2007).

Vollmer detém o diploma de MBA pela Wharton School of Business da University of Pennsylvania, tendo obtido o título de mestre em Estudos Internacionais pela mesma instituição. É também bacharel em Inglês pela University of California em Berkeley. Vive em Old Greenwich, Connecticut, com a esposa e dois filhos.

GEOFFREY PRECOURT é escritor e editor, radicado no oeste de Massachusetts. Atuou como editor-geral da revista *strategy + business*, editor colaborador da *Fortune* e editor-adjunto das revistas *Adweek* e *Agency*. É o editor de *CMO Thought Leaders: The Rise of the Strategic Marketer* (strategic + business books, 2007).

AGRADECIMENTOS

A série o "futuro dos negócios" é um esforço colaborativo desde o início. Herb Schaffner, editor de livros de negócios da McGraw-Hill, destacou o potencial de tais publicações em um livro sobre o futuro da propaganda e do *marketing*, ajudando a começar essa série. Gostaríamos de agradecer também a nossos colaboradores da McGraw-Hill, que foram muito além do esperado para produzir este livro e levá-lo ao mercado: Ruth Mannino, Eileen Lamadore, Seth Morris e Ed Chupak, entre outros.

O presente livro foi desenvolvido e editado sob os auspícios de *strategy + business*, a revista trimestral publicada por nossa empresa. Gostaríamos de agradecer a toda a equipe de *s + b* pelo papel desempenhado em um projeto que exigiu suas próprias abordagens inovadoras de propaganda, *marketing* e mídia. O editor Jonathan Gage desempenhou um papel extremamente significativo em sua concepção, *marketing* e estratégia; a editora-geral Elizabeth Johnson e a gerente de projeto Gretchen Hall tomaram a si grande parte da difícil mas essencial tarefa de coordenar imagens e permissões; o agente literário Jim Levine prestou uma grande contribuição; e o publicitário Mark Fortier e o gerente de *marketing* Alan Shapiro ajudaram a atrair a atenção mundial para o livro. Ted Kinni, editor sênior dos livros da *s + b*, foi importantíssimo para a qualidade e clareza de seu conteúdo. Art Kleiner, editor-chefe de *strategy + business*, esteve diretamente envolvido neste projeto desde seu início como um artigo de revista; seu pulso firme e determinação mantiveram a equipe de *Sempre Ligado* no bom caminho.

Lisa Mitchell, diretora de Marketing & Sales Service Offering da empresa, desempenhou um papel vital na coordenação de cada um dos aspectos deste projeto. Ela serviu como ponto central de comunicação e com grande competência desatou os nós que comumente ameaçam o progresso de qualquer livro. Todo escritor deveria contar com um parceiro assim.

A presente obra não seria possível sem a contribuição de muitos dos extraordinários profissionais que compõem a talentosa equipe da Booz & Company, Inc. e que a cada dia empenham-se em produzir resultados para as maiores organizações mundiais. De fato, *Sempre Ligado* contou com uma plataforma de apoio, colaboração e *insights* que é rara em qualquer empreitada. Adam Bird e Les Moeller, os dois parceiros que dirigem a divisão de consumo global e ações de comunicação da empresa em âmbito internacional e na América do Norte, respectivamente, mostraram entusiasmo pelo projeto desde o início, cujas origens remontam a nosso trabalho original O Futuro da Propaganda, e propiciaram um fluxo constante de estímulo e ideias. Os vice-presidentes Gregor Harter, Edward Landry e Andrew Tipping desenvolveram o livro *CMO Thought Leaders*, que forneceu parte do fundamento conceitual e da pesquisa que serviram de base a esta obra.

Agradecemos ainda à equipe estendida, que inclui Harry Hawkes, Jeffrey Tucker, Matthew Egol, Richard Rawlinson, Patrick Behar, Scott Corwin, Paul Leinwand, Steffen Lauster, J. Neely, Rich Kauffeld, Patrick Houston, Cesare Mainardi, DeAnne Aguirre, Gregor Vogelsang, Alexander Kandybin, Jack McGrath, Tim Blansett, Jose Baquero, Carlos Navarro, Tom Casey, Thomas Kuenstner, Laurent Colombani, John Jullens, Steve Treppo, Karla Martin,

Thomas Ripsam, Martha Turner, Yogesh Pandit, Michael Fischer, Maria Boccella, Bart Sayer, Karen Premo, Leea Nash, Elizabeth Hartley, Nick Panchetti, Nami Soejima, Carolyn Ude, Nikhil Bhandare, Wendy Millan, Michael O'Rorke, Daniel Silberman, Vessela Nocentini e Josephine Prechter.

O antigo parceiro da Booz Allen, o então *trainee* Randall Rothenberg, hoje CEO do Interactive Advertising Bureau, merece nosso reconhecimento por suas contribuições, entre elas a coautoria do artigo "The Future of Advertising is Now" (*s* + *b*, verão 2006), que ajudou a assentar as bases de *Sempre Ligado*. Somos igualmente gratos às organizações que ajudaram a embasar este volume: a IAB, a Association of National Advertisers e a American Association of Advertising Agencies.

Jill Vollmer, esposa de Christopher, merece especial reconhecimento por proporcionar o apoio familiar indispensável à feitura desta obra – que consumiu muitas noites e finais de semana – e, não menos importante, por seus inestimáveis *insights* como profissional de *marketing*. Sua perspectiva objetiva realista ajudou a tornar *Sempre Ligado* um livro muito melhor.

Finalmente, nossa gratidão aos muitos clientes de mídia, *marketing* e outros setores cujas experiências e sucesso embasaram os *insights* e as perspectivas que hoje constituem esta obra.

SUMÁRIO

1

O *MARKETING MIX* DO SÉCULO XXI

A partir do final dos anos 1980, três palavrinhas e um logotipo definiriam uma das mais bem-sucedidas marcas do mundo. "Just Do It" eram as palavras e a famosa *swoosh* da Nike, a logomarca. Juntos, eles transmitiam espírito competitivo e uma imagem de marca bem resolvida, oferecendo aos consumidores um ponto de diferenciação memorável num mercado abarrotado de produtos aparentemente idênticos.

A Nike e sua agência de propaganda, Wieden & Kennedy, trabalharam em conjunto para definir e redefinir essa mensagem, mantendo-se sempre um passo adiante da concorrência. Mas, assim como a Nike evoluiu, evoluíram também seus clientes. No decorrer dos últimos anos, o jogo mercadológico dos calçados e roupas esportivas – aliás, o jogo do *marketing* e da propaganda em geral – mudou profundamente.

"Já vão longe os dias em que bastavam 'um produto e uma campanha publicitária criativa'. Agora, é preciso buscar o engajamento dos consumidores em todos os níveis estratégicos"[1], observou Trevor Edwards, vice-presidente da divisão global de gestão de marca e categoria de produto da Nike, em entrevista concedida ao *Wall Street Journal* em 2007.

Longe já vai também o relacionamento unilateral exclusivo entre a Nike e sua única agência de propaganda. Apesar de mantê-la como um de seus parceiros-âncora (a W&K ainda a apoia em áreas fundamentais do negócio, como basquetebol e futebol americano), em 2007 a Nike retirou da W&K a conta de publicidade de seus calçados de corrida (*running*), concedendo-a à Crispin Porter + Bogusky. Essa agência de Miami, uma unidade da MDC partners, venceu a disputa graças sobretudo à sua reputação de aplicar criatividade à publicidade digital.

Como informou o *Advertising Age,* "nem os executivos da Nike, nem os da Wieden entraram em detalhes acerca da mudança, mas um número expressivo de executivos do setor acredita que a [falta] de capacidade interativa da Wiede preocupava a empresa"[2].

Nos últimos anos, a Nike tem aumentado a participação da mídia digital em seu *marketing mix*. Por exemplo, antecipando-se à Copa do Mundo de 2006, a empresa uniu-se ao Google para o lançamento de uma comunidade social *on-line* dedicada aos fãs e atletas de futebol. Era justamente o tipo de ambiente de mídia interativo e viral que falava diretamente aos consumidores com quem a Nike mais queria construir relações – e isso com uma precisão e intimidade que faltavam à televisão e à publicidade impressa. Batizado de joga.com, o *site* registrou mais de 110 milhões de *downloads* de informações e clipes relacionados a futebol. O benefício para a Nike? "Atingimos em cheio os interesses do consumidor"[3], comemora Edwards.

O joga.com foi apenas uma das várias iniciativas inovadoras que transformaram o excepcional talento de *marketing* e propaganda da Nike. Outra desenvolveu-se em torno do Nike+, empreendimento conjunto entre a Nike e a Apple que possibilita aos usuários de iPod monitorar seus exercícios físicos a partir de um sensor embutido em seus tênis Nike, acompanhando sua queima calórica e frequência cardíaca em tempo real e *on-line*. Em parceria com a R/GA, uma divisão do Interpublic Group, Nike e Apple criaram o nikeplus.com, um serviço experimental baseado na Web que oferece muito mais do que anúncios visualmente atraentes. No nikeplus.com, os consumidores podem postar os resultados de seus exercícios, partilhar rotas de corrida prediletas, comparar seu desempenho com o de atletas profissionais, como Lance Armstrong e LeBron James, e até mesmo baixar músicas remixadas especialmente para inspirar e motivar. De fato, o Nike + atingiu todos os objetivos da marca: era de alta relevância, projetado com vistas à interatividade e à abrangência de públicos, além de adaptável, atraindo tanto corredores experientes quanto iniciantes.

Mas a nova estratégia de *marketing* da Nike não se limita à mídia *on-line*. A empresa investiu cerca de US$ 2,5 bilhões em contratos de endosso com duração até 2011, os quais incluem patrocínios do mestre do golfe Tiger Woods, do campeão de tênis Roger Federer, do time inteiro do Manchester United e de muitos outros atletas e equipes[4]. O objetivo é fazer com que a marca seja diretamente associada a conteúdos esportivos e proteger a *swoosh* de ameaças como o *ad skipping**. A Nike também tem feito experiências sistemáticas com a TV interativa. Na campanha "Quick is Deadly", concebida para a promoção de sua linha de tênis de treinamento Zoom, eram oferecidos aos clientes de TV por assinatura via satélite vídeos exclusivos de Ladainian Tomlinson, do San Diego Chargers, uma demonstração em 3D do Zoom e um jogo interativo criado para testar os reflexos dos telespectadores. Completando o pacote, um aplicativo de busca orientado por código postal ajudava os consumidores a localizar a loja mais próxima onde o Zoom era vendido. Por fim, a Nike

* N. de T.: Recurso que permite aos telespectadores "pular" (*skip*) os intervalos comerciais. Disponível em algumas TVs por assinatura e em aparelhos DVRs (Digital Video Recorder – gravador de vídeo digital).

também está intensificando seu jogo mercadológico com mais propaganda "*word-of-foot*"*; com efeito, a empresa tem patrocinado eventos como a maratona de San Francisco, torneios de futebol e basquete, além de outras competições amadoras nas quais seus profissionais de *marketing* têm a oportunidade de comunicar-se diretamente com os consumidores-alvo, aprender mais a seu respeito e, assim, formar mais "advogados" e "defensores" da marca.

Em suma, o manual de estratégia de *marketing* da Nike superou o clarão de um *slogan* brilhante e um logotipo memorável para concentrar-se nas experiências dos consumidores. E essa nova abordagem tem produzido resultados. De 2003 a 2006, a receita da empresa nos Estados Unidos subiu de US$ 4,6 bilhões para aproximadamente US$ 5,7 bilhões, cerca de 7% ao ano[5]. Durante o mesmo período, seu orçamento de publicidade cresceu praticamente à mesma taxa, totalizando US$ 678 milhões nos EUA. Que *mix* publicitário terá levado a esse incremento? Resposta: uma maior ênfase na publicidade digital, aliada a investimentos em *websites*, eventos e outras iniciativas promocionais da marca. De fato, no curso desses três anos, a porcentagem do orçamento da empresa destinada à mídia tradicional (TV e revistas, por exemplo) caiu de 40 para 33%[6]. Resultado: a mensagem da Nike não se resume à propaganda embutida no conteúdo: a propaganda *é* o próprio conteúdo.

"A marca Nike será sempre nosso maior ativo, mas os consumidores estão procurando nova relevância e novas conexões", revelou Mark Peter, CEO da Nike, a uma plateia de investidores em março de 2007. "Na realidade, tudo é uma questão de irmos mais fundo para obtermos ligações e *insights* mais profundos, mais inovação e relevância e, em última análise, maior competitividade"[7].

* N. de T.: Trocadilho de "*word-of-mouth*", boca a boca, com propósitos óbvios.

A ativa liderança exercida pela alta administração da Nike no desenvolvimento de uma estratégia mercadológica de vanguarda – sublinhe-se a disposição do CEO em atribuir a competitividade da marca a seu manual de estratégia de propaganda mais contemporâneo – mandou uma mensagem forte a seus parceiros de *marketing* e mídia: não importa quão talentosa seja a equipe de criação – a relação agência-cliente estará aquém do ideal se não incorporar à sua propaganda mídias digitais de alto impacto. O digital precisa ser um componente, fundamental das estratégias de marca e *marketing*; não pode mais ser encarado como item complementar ou secundário. É ele, a rigor, que desempenha e desempenhará a função vital de manter um contato mais próximo com os consumidores, mesmo que muitos dos canais de mídia e varejo à moda antiga diminuam em número ou desapareçam nesse processo.

O FUTURO É AGORA

A mudança de estratégia da Nike não acontece em um vácuo; é a resposta calculada a um conjunto de forças motrizes atuantes na esfera do *marketing* e da publicidade, que vêm se formando há muitos anos, mas que eram ignoradas por ainda não terem bastante impacto. Hoje elas têm. De fato, estamos no início de uma era digital centrada no consumidor, em que os enfoques tradicionais de *marketing* de produtos e serviços não são mais viáveis.

O comando agora é do consumidor; seu acesso à informação e o domínio que exerce sobre o consumo de mídia atingem níveis nunca antes imaginados. Além disso, o surgimento de vários veículos novos de comunicação – Internet, gravadores digitais (DVRs), iPods, celulares, entre outros aparelhos – tem limitado a capacidade dos profissionais de *marketing* em modelar preferências de marca e comportamentos de consumo a partir da mídia analógica (TV, rádio e papel). Para completar, a exigência corporativa por contabilização de resultados e retorno sobre o investimento (ROI) atingiu um crescendo. Consequentemente, estão sendo redefinidas as tradicionais relações entre os anunciantes e suas agências de propaganda.

A emergência de novas mídias, modelos e métricas impõe uma série de novos desafios, mas também favorece a prática de um *marketing* e uma propaganda mais eficazes. Há anos os profissionais de *marketing* esperam que a prática concretize o potencial – isto é, que a chegada de novos formatos de tecnologia e mídia viabilize uma melhor definição dos segmentos-alvo, maior possibilidade de mensuração e melhores percepções, bem como *insights* mais detalhados sobre o consumidor. Hoje a espera chegou ao fim, e a nova realidade operacional remodelará cada elo do ecossistema de mídia e *marketing*.

Há muitas empresas que, admitindo a necessidade de um novo manual de estratégia, seguirão os passos da Nike e promoverão mudanças radicais na sua maneira de abordar o *marketing*, a propaganda e os consumidores em geral. O impacto disso já está se fazendo sentir em cada setor de consumo – do vestuário aos utensílios domésticos, passando pelos alimentos e automóveis, até os eletrodomésticos – e também no *marketing business-to-business* (B2B). À medida que observam essas tendências afetarem seus empreendimentos, os líderes empresariais estão moldando novos tipos de propaganda e *marketing* para uma nova era "sempre ligada" – firmemente ancorada na relevância, na interatividade e na mensurabilidade.

A exemplo da Internet, que ajudou a moldá-lo, o novo ambiente está "sempre ligado" porque o consumidor está sempre presente: procurando constantemente oportunidades e valor, tirando proveito dos veículos de comunicação que se multiplicam à sua volta e (ao mesmo tempo) sendo bombardeado com uma quantidade cada vez maior de mídias em um número cada vez maior de formatos. "Sempre ligados" estão também os anunciantes, para os quais não há descanso nem tempo ocioso: a natureza em permanente e rápida mutação de seus públicos – e os meios pelos quais se comunicam com eles – exigem contínuas experimentações, inovações e alterações na sua estratégia.

O *marketing* nesta nova era, a fim de estabelecer uma comunicação eficaz com os consumidores, requer novas estratégias e ferramentas. Alguns anunciantes, não satisfeitos em saber quantas pessoas estão expostas às suas mensagens de marca, têm trabalhado duro para apurar até que ponto essas mensagens são bem recebidas, se são poderosas o bastante para gerar respostas por parte dos consumidores e que respostas são essas exatamente. O ambiente de mídia "sempre ligado" lhes ensinou uma lição fundamental: não importa quantas pessoas estejam observando; o que conta é se estão prestando atenção e respondendo. Munidos desse conhecimento, eles estão fazendo o *marketing* renascer como uma atividade centrada no consumidor.

Por fim, em seu esforço para captar o futuro, esses anunciantes estão abalando a ordem estabelecida, abandonando os velhos parceiros de mídia e propaganda que não se mostram à altura dos novos imperativos do futuro do *marketing*.

A renascença despertada por essa mudança de postura já se faz notar em importantes empresas. Inovadores nas áreas de *marketing*, propaganda e mídia estão experimentando um profundo senso de urgência no sentido de reinventar suas profissões *agora*, por meio de novas habilidades, novos posicionamentos e novas relações. Basta olhar as medidas drásticas que empresas como a Nike tiveram de tomar para perceber que o futuro do *marketing* e da propaganda não está por vir – ele já está aqui.

Muitos outros, porém, ainda têm um longo caminho a trilhar. Em que pese toda a badalação em torno da propaganda e da mídia digitais, por exemplo, os cem maiores anunciantes dos Estados Unidos alocam somente 5% de seu orçamento de mídia às ferramentas de comunicação *on-line*[8].

O que estará freando esses retardatários? Muitos deles ainda têm dificuldade para enxergar além do horizonte da televisão. As métricas de *marketing* e o orçamento das agências são elaborados em torno da TV, que ainda é a maneira mais fácil de entusiasmar os parceiros comerciais e varejistas. Aliás, há muitos publicitários que continuam acreditando que um comercial televisivo de 30 segundos é o instrumento mais poderoso de comunicação com os consumidores.

Há outros obstáculos estruturais e internos para as corporações. As métricas ainda não são comparáveis entre os veículos de mídia. Mesmo na mídia digital, em que constituem parte obri-

SEMPRE LIGADO... EM QUALQUER LUGAR

Segundo estimativa do Daniel Yankelovich Group, um médio cidadão pode deparar-se com até 5 mil mensagens publicitárias por dia (ver Figura 1.1), o que significa mais de três mensagens por minuto. Trata-se de um aumento significativo nos estimados 2 mil anúncios que a mesma pessoa teria visto ao longo de um dia nos anos 1970, época em que a propaganda concentrava-se nas redes de TV, revistas, jornais e rádio.

Em 2007, conforme noticiou o *New York Times*, "ovos vendidos nos supermercados trazem estampados os nomes dos programas da CBS. As catracas subterrâneas dos metrôs exibem mensagens da seguradora automotiva Geico. Embalagens de comida chinesa promovem a Continental Airways. A US Airways está vendendo anúncios nos saquinhos de vômito dos aviões. E as bandejas usadas nas linhas de segurança dos aeroportos estão [promovendo] Rolodexes... Hoje, os hábitos de ler e de ver TV por parte dos consumidores são tão assistemáticos que muitos anunciantes dizem que a melhor maneira de alcançar os clientes apressados é tentar atrair sua atenção o tempo todo, literalmente"[9].

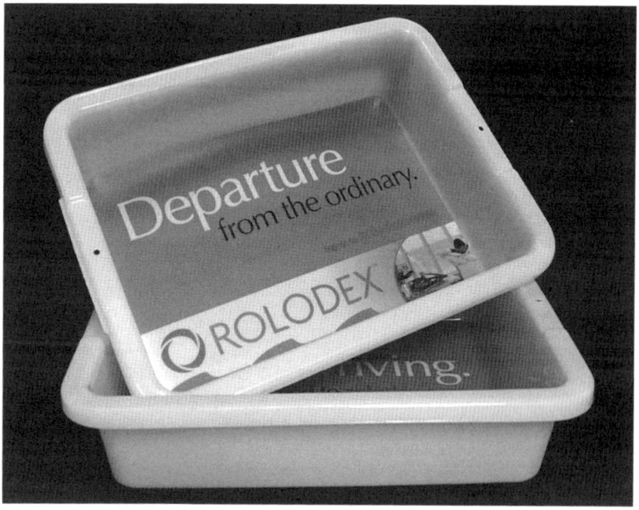

FIGURA 1.1 A onipresença da propaganda.

gatória da proposição de valor, raramente elas são padronizadas, além de pouco compreendidas. De modo geral, os profissionais de *marketing* ainda carecem das habilidades de "trituração de números"* necessárias para determinar o ROI. Além disso, muitas empresas ainda encaram a nova mídia como uma "experiência", e não como o componente central da construção de marca e das vendas.

Entretanto, respostas viáveis a esses desafios têm surgido rapidamente. Não há um conjunto único de novas práticas que seja comumente aceito para substituí-los, nem uma bala de prata com a qual se possa enfrentar o desafio da construção de marca nesta era digital "sempre ligada". Mas não se engane: a participação no futuro do *marketing* e da propaganda não é opcional: é obrigatória.

* N. de T.: Efetuação de cálculos em alta velocidade.

O SUPER CMO*

Ainda que quase todos os profissionais de *marketing* divirjam quanto à melhor utilização dos novos veículos de mídia, modelos e métricas, parece haver consenso quanto ao ponto de partida: o formato do futuro do *marketing* e da propaganda é por demais original, importante e dinâmico para ser deixado a cargo das práticas mercadológicas tradicionais ou dos costumes consagrados pelas empresas e agências de publicidade.

Quem então guiará o futuro? Uma resposta promissora está no surgimento de uma nova classe de CMOs altamente capazes e ativamente empenhados na construção de modelos de *marketing* mais focados no retorno sobre o investimento, mais *multiplataforma* e mais direcionados do que nunca.

O "Super CMO", termo cunhado em 2004 por John Quelch e Gail McGovern, professores da Harvard Business School, diz respeito a uma nova classe de profissionais de *marketing* com direito a assento na mesa da alta administração das empresas. São indivíduos "*experts* em mídia" e mais centrados na mensurabilidade do que seus predecessores; eles insistem em conduzir o desempenho nos negócios, a inovação e os resultados, não se limitando a aconselhar ou gerenciar campanhas de *marketing* nem a supervisionar seus parceiros publicitários. Em virtude da maior relevância de seu papel, eles estão à frente de muitas das mudanças que vêm ocorrendo em todo o ecossistema de mídia e *marketing*. São executivos que fazem exigências – e esperam resultados – de seus parceiros de mídia, de suas agências de propaganda e de suas velhas equipes de marca. Dizem eles: "Quero uma campanha integrada. Preciso de algo bem mais atraente que um comercial de 30 segundos. Quero alguma coisa que pro-

* N. de T.: Chief Marketing Officer (diretor de *marketing*).

duza resultados". Sem sua marcação cerrada, o futuro poderia levar muito mais tempo para chegar.

Talvez o maior catalisador de mudanças criado por esses Super CMOs seja o elevado grau de mensurabilidade que demandam. Isso, por sua vez, pôs fim à paradoxal ambiguidade que marcou o *marketing* ao longo de todo o século XX.

Afora os gastos com anúncios promocionais, o que basicamente constitui um experimento na fixação de preços de varejo, sempre foi difícil saber se ou como a propaganda movimenta as marcas e os negócios. "Será que a publicidade eleva a demanda pelos produtos de uma empresa?", pergunta Neil Borden, professor da Harvard Business School, em seu clássico texto de 1942 intitulado *The Economic Effects of Advertising*. "Indeterminado", conclui ele. E será que ela inviabiliza a competição baseada em preços? "Em hipótese alguma", garante[10].

Assim é que a propaganda cresceu como uma iniciativa alicerçada na fé, com as agências e os anunciantes acreditando que ela funcionava melhor quando aumentava a consciência das marcas e produtos junto a uma ampla fatia da população-alvo. Nessa abordagem "borrifar e rezar" (*spray-and-pray*), o sucesso era baseado no sistema de pontos por audiência bruta (GRPs, *gross ratings points*), na circulação impressa, ou na *share of voice** total obtida – em acentuado contraste com qualquer medida do real impacto da propaganda sobre o comportamento do consumidor. O "volume de conhecimento" (ou consciência de marca) era o valor mais alto. "Se 90% [do público] não lembra dele", escreveu em 1960 Rosser Reeves, líder da gigantesca agência Ted Bates, no auge da influência da publicidade, "a história [de dado anúncio] não está esgotada"[11].

---

* N. de R.T.: Percentual do esforço de propaganda de uma marca em relação ao total da categoria, baseado em GRPs ou impactos.

Com o lento crescimento econômico verificado nos anos 1970, os anunciantes começaram a reavaliar a atitude *laissez-faire* com que analisavam a eficácia do *marketing*. Mas só a partir dos anos 1990, e do avanço da Internet, é que teve início a revolução da mensurabilidade. Ela ainda engatinhava oito anos atrás, quando o então colunista de publicidade Randall Rothenberg (hoje CEO do Interactive Advertising Bureau) assim escreveu na revista *Wired*: "As novas tecnologias de mídia, ao reduzir drasticamente os custos de produção e distribuição, possibilitando melhorias quase contínuas e instantâneas na mensagem publicitária, prometem aumentar a eficiência de propagandas mensuráveis... A espúria distinção entre publicidade de imagem e publicidade de varejo irá se desgastar, e por fim desaparecer, à medida que cada anúncio, cada *merchandising* de produtos, cada editorial puderem ser vinculados a transações"[12].

Com essa promessa a guiá-los, os CMOs (e seus colegas em todos os níveis das organizações) já não se contentarão com campanhas que se limitem a construir consciência ou consideração de marca, mas sim, desejarão campanhas que levem à ação. Insistirão cada vez mais em análises e *insights* que possam justificar a influência de uma propaganda sobre a preferência, a compra e a lealdade do consumidor. Pressionarão as agências de propaganda e as empresas de mídia a transpor a fronteira das métricas de alcance e frequência rumo a evidências mais tangíveis e quantificáveis de retorno sobre os investimentos mercadológicos. De modo que os anunciantes já não perguntarão "Qual é o custo dos GRPs que estou comprando?". Antes desejarão saber "Quantos registros *on-line* esse anúncio gerou... e quantos se converteram em perspectivas de venda ou em vendas concretas?"

Pouco dispostos a esperar que seus parceiros estejam em condições de atender a suas necessidades, os CMOs vêm impulsionando inovações na propaganda. Estão criando novas capacidades, tanto internas (*in-house*) quanto oriundas dos novos relacionamentos estabelecidos com empresas de mídia e outros especialistas em serviços de *marketing*.

Vejamos o caso da Tremor, uma unidade interna de *marketing* boca a boca da Procter & Gamble que promove testes e considerações de marca por meio de uma rede digital composta por cerca de 250 mil adolescentes formadores de opinião e definidores de tendências. Comunidades interativas como a Tremor exploram o poder dos "consumidores alfa" (criadores de tendências e adotantes iniciais) a fim de gerar benefícios múltiplos para os anunciantes. Ao alcançar esses principais agentes de influência, os *sites* produzem um *buzz* em torno dos novos produtos; contornam a mídia tradicional para estabelecer contato com segmentos de difícil engajamento (como os adolescentes "multitarefa"); comunicam mensagens de marca de um jeito que os consumidores interpretam como mais autêntico; além de transmitir *insights* mais profundos (não raro patenteados) acerca deles. Para completar, podem eles próprios tornar-se ativos geradores de receita. Consta que empresas de grande porte, como a Coca-Cola, a Toyota e a EMI, têm "alugado" a Tremor como parte de seus próprios esforços mercadológicos direcionados ao público adolescente.

ONDE ESTÁVAMOS... E PARA ONDE IREMOS

Infelizmente, os novos Super CMOs ainda são mais exceção do que regra. Para compreender como as equipes de *marketing* mudarão no desenrolar dos próximos anos, é preciso voltar no tempo – até a era do *marketing* que se seguiu à popularização da TV.

Foi por volta de 1954 que a televisão comercial começou a aparecer na maioria das regiões dos Estados Unidos e da Europa. Desde então, a maior parte das carreiras de *marketing* passou a trilhar caminhos repisados. Estudantes recém-formados com diploma em artes liberais ou graduandos de administração treinavam durante cinco ou seis anos em grandes empresas, como Procter & Gamble, Unilever ou Coca-Cola. Obtinham ampla experiência em áreas ligadas ao *marketing*, não raro em um contexto internacional. Trabalhando com agências de propaganda externas, promoviam seus produtos e serviços por intermédio de veículos de comunicação de massa, num campo de disputa onde todos os competidores contavam com condições iguais de acesso, e, em grande medida, com base em pesquisas regulares, disponíveis a todos por um dado preço.

No curso desse trabalho, profissionais de *marketing* dotados de ambição e talento aprendiam a escolher e integrar agências externas a suas equipes, a interpretar *insights* sobre o consumidor a partir de estudos de mercado e, valendo-se desses *insights*, a utilizar TV, rádio, impressos e programas promocionais com o objetivo de construir uma marca. Assim capacitados, aos 30 anos eles se tornavam gerentes de marca e, aos 40, gerentes gerais – ou então pulavam para o "outro lado do balcão" . Esse plano geral de carreira estabelecia um padrão aplicável a toda a indústria: uma aparência especializada para um papel com falas familiares e enredo batido.

Era uma trajetória de carreira que atraía pessoas dotadas de energia e comprometimento, centradas na ação, nos resultados e nas conquistas. Mas, de modo geral, não seduzia nem estimulava aquelas mais afeitas ao pensamento abstrato. Os profissionais de *marketing* do século XX tendiam a privilegiar o detalhe e a estrutura do consagrado em detrimento das ambiguidades e incertezas do novo. Queriam – e sabiam como – obter resultados, sendo seu objetivo *manufaturar* o *marketing* de forma tão eficiente e uniforme quanto suas empresas manufaturavam produtos.

Durante esse período, tanto a teoria quanto a prática mercadológicas foram controladas pela televisão e pela gestão de marcas. Tudo era baseado em uma cuidadosa combinação de publicidade de mídia, mala-direta e promoções, combinação essa supervisionada por gerentes treinados para analisar e tomar decisões sobre medidas de magnitude (isto é, o tamanho do público alcançado). Esses gerentes eram apoiados por grupos de fornecedores versados na arte da propaganda e na ciência da pesquisa. Mais ou menos na última década, muitos profissionais de *marketing* modernos adicionaram uma pitada de Internet, um pouquinho de *sampling* de produtos e uma pontinha de RRPP, mas o modelo básico permaneceu praticamente inalterado.

Acontece que esse conjunto de habilidades já não atende às necessidades do profissional de *marketing* do século XXI. No mundo de hoje, em que as opções de comunicação crescem a níveis exponenciais, os profissionais de *marketing* precisam saber como desenvolver estratégias de marca eficientes. À sua disposição há uma ampla gama de ferramentas novas – vídeos *on-line*, blogs, TV interativa, comunicação móvel e *videogames*, para citar apenas algumas – que lhes permitem comunicar-se com os consumidores, aprender com eles e vender-lhes seu produto. Mas essas ferramentas ainda precisam ser aperfeiçoadas. Estarão em vantagem aqueles que tiverem a clarividência de experimentar novas plataformas publicitárias e fontes de *insights* sobre o consumidor, tanto quanto os que forem dotados de *know-how* para transformar tais inovações em um *marketing mix* mais poderoso.

A nova geração de líderes de *marketing* terá de escolher entre investir num *site* de *download* de músicas ou numa campanha que utilize mensagens SMS, ou entre a perdulária aquisição de mídia televisiva ou o patrocínio de um novo serviço de vídeo sob demanda. Até o momento – e aí está o desafio – ninguém sabe realmente como tomar essas decisões com consistente sucesso.

Determinar o melhor *marketing mix* de cada marca exigirá uma boa dose de experimentação, *networking*, inovação e análises de métricas de retorno, além da disposição de correr riscos – qualidades essas mais associadas a empresas incipientes (*start-ups*) e de pequeno porte do que aos grandes anunciantes; qualidades que, além disso, jamais foram adequadamente estimuladas em um plano de carreira tradicional.

Como resultado, importantes organizações de *marketing* têm se lançado numa caçada mundial por talentos, *insights* e pela combinação de poder analítico e criativo necessária para tirar o máximo proveito desse novo ambiente de mídia e propaganda. Como explica Carol Kruse, alçada ao posto de vice-presidente de *marketing* de interação global da Coca-Cola na metade de 2007,

> Sabemos que há carência de talentos em *marketing* interativo. Estamos olhando globalmente para ver onde podemos buscar esses talentos. Em áreas de tecnologia emergente, um país pode estar um a três anos na frente de outro. Podemos usar esses *experts* para treinar os treinadores ou os outros profissionais de *marketing* interativo, ou para guiar programas de uma região.[13]

Claro que a maioria dos profissionais de *marketing* contemporâneos não dispõe dos recursos globais da Coca-Cola. Tampouco estão acostumados a moldar, produzir e supervisionar diretamente os veículos de mídia em que colocam sua propaganda. E, no entanto, essas são algumas das principais habilidades exigidas nos dias de hoje.

Assim como a Procter & Gamble esteve envolvida ativamente com o projeto e o desenvolvimento dos primeiros programas de TV, da mesma forma os anunciantes, neste atual período de fluxo publicitário, devem imaginar, criar e financiar novas espécies de mídia digital ou interativa, bem como outras formas inovadoras de *marketing* que venham a conceber. Esses profissionais estão trabalhando dentro de empresas de bens de consumo e de serviços, e não para fornecedores auxiliares. Eles inventarão os programas e formatos que serão para eles o que as novelas e as *sitcoms* foram para as gerações anteriores de profissionais de *marketing*: veículos atraentes para captar a atenção dos consumidores e construir marcas.

COMO O *MARKETING* PRECISA MUDAR

A transformação da mídia e da propaganda tem implicações profundas na maneira como o *marketing* é organizado, nas habilidades e perspectivas exigidas do profissional de *marketing* e nos tipos de treinamento de que irão necessitar. Alguns dos principais ingredientes do novo modelo mercadológico já estão ficando claros.

Mais *experts* em mídia e análises de retorno mais consistentes

Num mundo em que as opções de publicidade são consideravelmente maiores, cabe aos anunciantes entender como diferentes mídias, sobretudo no formato digital, podem comunicar suas mensagens de marca aos consumidores. Diante do rápido surgimento e transformação dos canais de mídia, eles não podem simplesmente confiar nos conselhos das agências; precisam saber como fazer as perguntas certas e quando desafiar seus parceiros. Ao mesmo tempo, precisam expandir e refinar seu enfoque com relação às análises de ROI, às métricas de marca e ao delineamento do *marketing mix*, a fim de tirar pleno proveito dos dados e *insights* disponibilizados pela mídia digital.

Maior empreendedorismo e inovação na propaganda

Já não é possível aos anunciantes simplesmente selecionar e comprar instrumentos testados e comprovados: eles precisam imaginar, moldar e desenvolver ferramentas novas que lhes possibilitem criar uma ligação mais eficaz com os consumidores. Isso exige mente aberta à experimentação, certa inclinação para o pioneirismo e a capacidade de impulsionar – como nunca antes – inovações funcionais na propaganda e no *marketing*.

Habilidades integrativas para o gerenciamento de redes de parceiros mais complexas

Para elaborar, produzir e promover as novas formas de *marketing* e propaganda que estão surgindo, os anunciantes terão de repensar e reconfigurar suas relações com uma parcela ainda mais ampla de parceiros – agências, empresas de comunicação, fornecedores especializados e consultores –, a fim de garantir as melhores ideias e, assim, maximizar seus resultados (*output*). Terão, além disso, de aumentar o investimento em seus próprios criativos, no planejamento de mídia, nos *insights* sobre os consumidores e em outras operações customizadas. Estarão em vantagem aqueles que souberem orquestrar uma equipe dinâmica composta por participantes antigos (agências de propaganda "na ponta dos cascos") e novos (especialistas em mídia digital e interativa, por exemplo).

> “Seguimos planejando com base em campanhas, procurando retornos de curto prazo, utilizando sistemas de medição que não funcionam. Hoje, a verdadeira questão é saber como podemos desenvolver processos e sistemas de integração horizontal que funcionem não só através dos formatos de comunicação, mas também das disciplinas. Precisamos de conceitos e abordagens novos, não de uma versão requentada do que fizemos nos últimos 75 anos.[14]”
>
> —Don E. Schultz, professor emérito,
> Comunicação Integrada de Marketing,
> Medill School of Journalism,
> Northwestern University.

Abordagens de investimento mais eficazes

A experimentação é importante para a aprendizagem, mas o enfoque "a união faz a força" da inovação muitas vezes leva à tirania das pequenas iniciativas. Cabe aos profissionais de *marketing* acolher as novas oportunidades mercadológicas e publicitárias de uma maneira que proporcione maior eficácia, aumentando a escala e a rapidez de colocação no mercado. Na prática, isso tanto pode significar exercer controle sobre os fundos de investimento de modo centralizado quanto estabelecer claras prioridades de *marketing* para todo o portfólio (vídeos *on-line* e redes sociais, por exemplo) e fazer com que as unidades de negócios compartilhem ativos e infraestrutura, assim como conhecimento.

Compromisso com as melhores práticas de "busca e reaplicação"

Os profissionais de *marketing* devem aprender a captar todos os benefícios dos portfólios global e multimarcas. Devem definir com rigor os fatores determinantes do sucesso das campanhas de alto impacto e reaplicar com eficácia esse conhecimento às diferentes marcas e/ou geografias, na busca de velocidade e eficiência em um mundo sempre ligado. Para tanto, eis os requisitos básicos: um vocabulário de *marketing* e um conjunto de métricas de desempenho universais, abertura intelectual ao compartilhamento de estratégias e resultados (exitosos ou não) e infraestrutura e ferramentas para a comunicação das melhores práticas das marcas.

Capacidade de instruir os parceiros comerciais e outros integrantes da cadeia de valor do *marketing*

À medida que promovam mudanças fundamentais nos seus esforços de propaganda e *marketing*, os profissionais de *marketing* devem obter o apoio proativo de seus parceiros comerciais e outros componentes da cadeia de valor do *marketing*, ou correr o risco de perdê-lo. Alguns desses parceiros podem não levar a sério os esforços de uma marca, a menos que sejam respaldados por uma grande campanha televisiva. Outros talvez não consigam conceber em que medida é possível o investimento em plataformas não tradicionais (por exemplo, digitais, boca a boca, PRPP e afins) converter-se em sucesso para os negócios *deles*. Em vista disso, cumpre aos profissionais de *marketing* compartilhar explícita e ativamente seus *insights* sobre como o uso dos canais de mídia pelos consumidores pode influenciar a afinidade destes com a marca e, em última análise, influenciar as vendas.

No Gráfico 1.1, as respostas a um estudo contínuo empreendido por profissionais de *marketing* da Association of National Advertisers e da Booz & Company, Inc. mostram uma lacuna nas

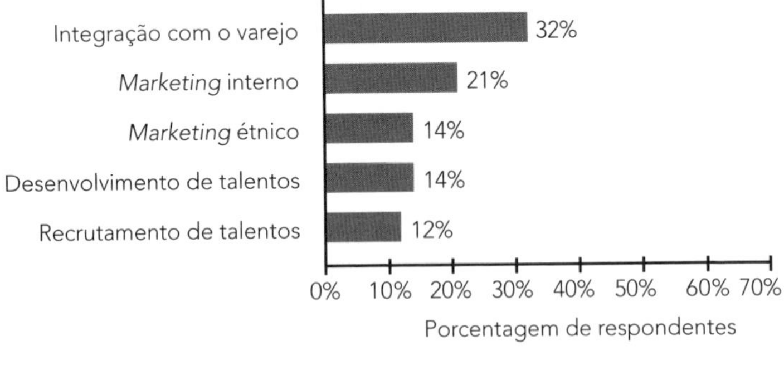

Fonte: ANA/Booz Allen Hamilton

GRÁFICO 1.1 Que novas capacidades são necessárias ao *marketing*?

capacidades percebidas no *marketing*. Particularmente, as duas primeiras categorias enfocam a utilização de análises de ROI e *insights* sobre o consumidor para aprimorar a eficácia mercadológica: a grande habilidade ausente indispensável ao futuro do *marketing*.

A necessidade de competências analíticas e a capacidade de obter *insights* sobre o consumidor a partir de dados do mercado serão de particular importância. Nos anos 1960, Bill Bernbach, uma lenda da propaganda, declarou com escárnio que a "publicidade consiste fundamentalmente de persuasão, e a persuasão não vem a ser uma ciência, mas uma forma de arte". Ainda hoje muitos profissionais de *marketing* expressam desdém ante a ideia de considerar a propaganda como ciência em vez de arte. Temem que seus sucessores serão primos dos ph.Ds em matemática que por tanto tempo povoaram os bancos de investimentos e o setor de serviços financeiros. Isso não acontecerá da mesma maneira. Mas o desdém atual será substituído por uma compreensão mais sutil do casamento entre arte e algoritmos.

A exuberante disponibilidade de dados sobre o consumidor controlados digitalmente transformou o *marketing* numa aplicação de vanguarda para a matemática empresarial. Não é de admirar que dois terços de nossos profissionais de *marketing* seniores considerem como sua necessidade mais premente desenvolver capacidades no âmbito dos *insights* sobre o consumidor e das análises de retorno sobre o investimento[15]. Da mesma forma como revolucionou as finanças, a matemática está revigorando o *marketing*, com novos modelos e algoritmos extraindo valor de bancos de dados sobre consumidores e negócios e, assim, permitindo direcionar com mais precisão as mensagens a cada consumidor. Cada vez mais esses profissionais serão instados a tomar decisões que reflitam um entendimento de *marketing* mais amplo e uma consciência profunda da atual posição do produto ou serviço no mercado. Uma das habilidades essenciais do novo profissional de *marketing* será aliar fluência em matemática avançada e modelagem computacional a faro e criatividade mercadológicos. A título de ilustração, o *marketing* de otimização em buscadores (o desenvolvimento de um melhor posicionamento e relevância de *sites* promocionais nos mecanismos de busca da Internet) é apenas um dos exemplos mais visíveis dos novos campos de *expertise* que se tornaram imprescindíveis aos profissionais de *marketing*, às agências e às empresas de comunicação.

Aqueles que conseguiram desenvolver essas habilidades e chegar a tais métricas já estão superando seus rivais. Não se resumem esses líderes a potências da Internet, como o Google ou o Yahoo!; incluem "trituradores de números" inovadores ligados ao varejo, às finanças e a outros setores.

Nesse meio-tempo, a nova ênfase na integração da cadeia de valor do *marketing* continuará presente. A curto prazo, isso reflete certo desencanto com a fragmentação que veio a caracterizar o universo mercadológico. Após décadas de estabilidade e crescimento, o *marketing* passou a ser subdividido em especialidades cada vez mais finamente granuladas, até que típicas empresas de bens de consumo de massa orquestrassem uma rede de fornecedores que incluía agências de propaganda, agências de compra de mídia, especialistas em criação, empresas de mala-direta e toda sorte de pesquisadores de mercado. Essa especialização agregou capacidade de resposta ao sistema de serviços mercadológicos, mas também muitos níveis de complexidade.

A longo prazo, o apelo à integração reflete a constante evolução do ambiente global de negócios. Grandes e pequenas empresas empregarão da mesma forma um número cada vez maior de fornecedores internacionais de serviços de *marketing*, não raro espalhados por diversos continentes. Estes tomarão as decisões relativas à compra de mídia nos mercados locais do mundo inteiro. Supervisionar a imensa empresa estendida necessária ao *marketing* global já é uma habilidade central para centenas de milhares de homens e mulheres que atualmente ocupam funções de gestão de *marketing*.

Alguns dos gigantes do mundo mercadológico foram os primeiros a olhar além do sistema atual, buscando criar novos veículos para a integração das cadeias de suprimentos de *marketing*. Os grandes varejistas dão bons exemplos. Como se trata de entidades relativamente novas nas linhas de frente do *branding*, com muito menos investido no sistema de *marketing* tradicional, pareceu-lhes natural encarregarem-se eles próprios de boa parte do seu *marketing*. A Tesco, por exemplo, passa basicamente ao largo do setor convencional de serviços mercadológicos do Reino Unido. Suas pesquisas de mercado e suas competências analíticas, antes administradas por uma empresa independente, agora são realizadas internamente (*in-house*). Outros varejistas estão reinventando seus canais de mídia no ponto de venda. A Wal-Mart, por exemplo, firmou um importante compromisso com a tecnologia de TV *in-store*, utilizando sistemas de vídeo para estabelecer uma conexão potencialmente vigorosa com a experiência de compra e o ato de compra do consumidor.

Nas tradicionais equipes de *marketing*, ainda prevalece a mentalidade baseada na autoridade e orientada para a ação. Isso também mudará. Com efeito, ela muito frequentemente elimina as disposições mais inovadoras e sua consequente exploração e experimentação. Com a gradual evolução da agenda estratégica dos profissionais de *marketing*, as perspectivas de sistema de gestão criativa e comercial desempenharão papel mais relevante na composição das equipes, com o que as empresas poderão esquadrinhar a cadeia de valor a fim de conceber e experimentar novos meios de operar. À medida que essas equipes obtiverem diversidade e equilíbrio, a gestão de equipes – tanto interna quanto externamente – se tornará, por sua vez, mais essencial à eficácia do *marketing* e da propaganda.

Isso poderia sugerir que *outsiders*, na forma de organizações empresariais incipientes, estão mais bem posicionados para destruir e reconstruir de forma eficaz o ecossistema de mídia e *marketing*. Mas a realidade é que quem provavelmente estará à frente na reinvenção do modelo mercadológico do século XXI são os anunciantes dos grandes produtos – quer do setor de produtos automotivos, bens de consumo, tecnologia, serviços financeiros, telecomunicações ou viagens – e os principais e maiores varejistas. Somente eles são grandes o bastante para assumir a responsabilidade pelo *marketing* e pela propaganda como um todo – e utilizar seus gastos e seu tamanho para remodelá-lo. Seu dinheiro e sua alavancagem impulsionarão todo o ecossistema de *marketing* e mídia.

Essas são também as corporações que mais dependem de um bom desempenho do ecossistema. Diferentemente dos fornecedores especializados, elas não precisam responder a um único cliente principal. Isso significa que estão menos constrangidas que outros membros do sistema e que são livres para remontar as peças de maneiras novas e interessantes. E algumas das melhores são exemplares no uso de sua liberdade e poder. As mais abrangentes estratégias de *marketing* perseguidas por empresas como Nike, Procter & Gamble, Capital One, GM, Tesco, Johnson & Johnson e Coca-Cola são sintomáticas da direção que irão tomar os anunciantes nos diferentes setores e geografias – irão atrás de uma agenda de inovação global centrada nos consumidores e analiticamente rica.

Os vitoriosos o serão por sua antevisão, vigor e pela determinação com que remodelam suas equipes de *marketing* antes da concorrência. É por aí que as empresas devem começar. Novos tempos exigem novas competências e estruturas de equipe capazes de triunfar numa era de tecnologia, incertezas e mudanças.

PERSPECTIVAS DE EMPREGOS NO SETOR DE *MARKETING*

Somente nos Estados Unidos, 664 mil pessoas atuavam na gestão de vendas, *marketing*, propaganda, promoções e relações públicas em 2004, ano da mais recente divulgação do U.S. Bureau of Labor Statistics. A radiodifusão respondia por outros 327 mil empregos. As indústrias de cinema e vídeo contribuíam com mais 368 mil. Segundo estimativa do Bureau, o número de empregos relacionados ao *marketing* crescerá em torno de 25% em 2012, enquanto as ocupações ligadas à radiodifusão e à mídia terão aumento de cerca de 20%.

Tais projeções refletem inevitavelmente as descrições de cargo das velhas estruturas de *marketing* e mídia. Contudo, mesmo levando em conta as mudanças na indústria, essas previsões podem muito bem estar corretas. O surgimento de mercados de consumo em todo o mundo, e de oportunidades relacionadas à mídia digital, sugere que milhares de profissionais de *marketing* serão necessários no futuro. Mas vale advertir: seus empregos provavelmente não guardarão muita semelhança com os de seus predecessores.

DEIXE O PASSADO PARA TRÁS

Os museus são repositórios de história, e boa parte da propaganda e do *marketing* do século XXI está pronta para a permanente exposição e veneração. Por falar nisso, enquanto escrevemos, um novo museu de ícones da publicidade prepara-se para abrir suas portas em Kansas City. Será o lugar perfeito para o pato Aflack, a lagartixa da Geico, o Tigre Tony da Kellogg's e o garoto de farinha da Pillsbury, ao lado de uma seleção dos celebrados comerciais de 30 segundos do Super Bowl, dos *relatórios diários de audiência de massa*, de maciça audiência, entre outras relíquias de um setor que já dobrou a esquina do futuro.

Estarão os tradicionais profissionais de *marketing* diante de um período de trevas e perdição? Bem, apenas se eles se recusarem a mudar. De fato, jamais houve no *marketing* tanto potencial para a inovação e tamanho espaço para o crescimento pessoal. (Criativos: vocês acham complicado produzir um comercial de 30 segundos para uma rede de TV? Que tal criar um brilhante anúncio de cinco segundos para o próximo Super Bowl que produza resultados mensuráveis antes mesmo da próxima disputa de bola?)

O que parece caótico para alguns é algo dinâmico para os que estão dispostos a abraçar o ambiente sempre ligado. E os vitoriosos – os que trabalham por todo o ecossistema de *marketing* e mídia para criar mensagens de consumo e experiências de marca atraentes – estão surgindo. Hoje, seu trabalho é mais relevante, mais interativo e mais voltado para os resultados do que jamais o foi. O futuro da propaganda e do *marketing* também será mais empolgante e desafiador – tanto para os profissionais quanto para os consumidores.

REFERÊNCIAS

- *Advertising Age*, 100 Leading National Advertisers, 2005 e 2007.
- Borden, Neil H., *The Economic Effects of Advertising*, Irwin, Chicago, 1942.
- Harter, Gregor, Edward Landry e Andrew Tipping, "The New Complete Marketer", *strategy + business*, autumn 2007.
- Hyde, Paul, Edward Landry e Andrew Tipping, "Making the Perfect Marketer", *strategy + business*, winter 2004.
- Rawlinson, Richard, "Beyond Brand Management", *strategy + business*, summer 2006.
- **Para mais recursos e informações atualizadas, visite www.businessfuture.com.**

2

MIDIAMORFOSE: O CONSUMIDOR NO COMANDO

Há uma mensagem prioritária, elementar, mas poderosa para todos os executivos de *marketing*, comunicação e propaganda do século XXI: a percepção sobre os consumidores é a moeda que triunfa sobre todas as demais. Apenas nos últimos anos, grandes anunciantes – para não falar nas empresas de comunicação e nas agências de publicidade – compreenderam que o modo pelo qual os consumidores percebem as marcas e com elas se relacionam mudou para sempre. De agora em diante, somente anunciantes dotados de *insights* perspicazes, engenhosos e aplicáveis estarão habilitados a comunicar-se com os consumidores no lugar certo, na hora certa, com a mensagem certa.

Em outras palavras, "O poder do consumidor influencia o modo como comercializamos, como desenvolvemos nossos produtos, como mudamos seu tempo de lançamento no mercado e fixamos seu preço". Quem o diz é Omid Kordestani, vice-presidente sênior de desenvolvimento de negócios e vendas globais da Google, Inc.

Por muito tempo as empresas pagaram tributo a seus consumidores, é claro, e à importância de conhecê-los intimamente e de se comunicar com eles. Mas os profissionais de *marketing* mais antigos admitiriam que, ao longo das décadas de predomínio dos meios de comunicação de massa – desde a introdução da rádio comercial, nos anos 1920, até o lançamento do primeiro navegador de Internet, em 1992 –, a prática mercadológica era basicamente direcionada à venda de produtos de massa para públicos de massa por meios de comunicação de massa. Isso significava inevitavelmente que os consumidores (até mesmo os consumidores B2B) haviam se tornado, na visão dos profissionais de *marketing*, construtos de pesquisa – um agregado de dados demográficos desprovido de alma, vistos somente pelos espelhos unilaterais dos grupos de focalização (*focus groups*). Assim é que membros de um determinado segmento-alvo de *marketing* – adolescentes ou mães que trabalham, por exemplo – podiam ser tratados como um grupo único, muitas vezes constituído de milhões de integrantes.

Essa abordagem, de tão arraigada nos profissionais de *marketing*, tornou-se essencialmente inconsciente. De fato, ela lhes facilitava o trabalho de maneira considerável. Mas também fazia com que muitos deles reduzissem os consumidores a caricaturas – ainda que habitualmente, mas em vão, os líderes da indústria os desaconselhassem a fazê-lo. "O consumidor não é um idiota; ele é a sua esposa", já advertia em 1945 David Ogilvy, lenda da propaganda, na frase que se tornou célebre.

E não havia quem questionasse a ideia de que os profissionais de *marketing* deviam controlar sua interação com os consumidores – quando mais não fosse pela dificuldade em encontrar alternativas. Como o número de redes de TV, revistas, jornais e estações de rádio era limitado, limitado era também o "espaço de prateleira" ocupado pelos veículos de comunicação, sendo quase todo ele subsidiado pela propaganda. Não havia qualquer penalidade por se promover comunicações ao estilo *transmissão em rede* que privilegiassem as prioridades comerciais do vendedor em prejuízo dos verdadeiros interesses dos consumidores, uma vez que estes não tinham outra escolha senão prestar atenção. Onde mais poderiam procurar entretenimento ou informação, sobretudo por um preço tão baixo?

Hoje, porém, o ambiente de mídia mudou a ponto de colocar os consumidores no comando de forma permanente e irrevogável. É a consequência natural de se ter inúmeros canais de comunicação *externa*, na Web e em todo lugar; uma série de tecnologias que permitem pular os comerciais ou bloqueá-los; uma enorme quantidade de provedores de conteúdo de baixo custo ou amadores; e uma rica variedade de mídia sob demanda e portátil disponível em aparelhos que vão desde os imensos televisores de tela plana adornando as paredes das casas até o iPhone que cabe no bolso.

De 2001 a 2006, os consumidores mudaram radicalmente seus hábitos de mídia, como mostra o Gráfico 2.1. Por exemplo, reduziram em mais de 10% o tempo gasto com música, transmissões de TV e jornais, aumentando quatro vezes o tempo que passam na Internet e mais de 10 vezes o tempo despendido com aparelhos móveis. Essas tendências prosseguem e, nos próximos anos, conferirão ao telefone celular e à Web – ambos os quais permitirão aos consumidores ter muito mais controle sobre sua experiência de mídia – uma presença ainda maior na vida da maioria das pessoas.

Nesse tipo de ambiente de mídia, já não é possível aos anunciantes triunfar baseando-se simplesmente no modelo de interrupção. Os consumidores foram libertados; já não precisam aguardar até o fim de um intervalo comercial para obter o conteúdo que lhes interessa. Além disso, são amplas as evidências de sua indiferença à propaganda. Estudos realizados pela Forrester Research, pela Yankelovich e por outras empresas de pesquisa indicam a adoção disseminada de muitos dispositivos de manipulação de mídia – DVRs, MP3 *players*, rádios por satélite, bloqueadores de *banners* e assemelhados – cujo propósito é exercer controle sobre o conteúdo publicitário.

Além disso, hoje é muito difícil para um anunciante captar inteiramente a atenção do consumidor servindo-se de um único veículo de comunicação. Com efeito, jamais os consumido-

CRESCIMENTO DO TEMPO DISPENSADO À MÍDIA DE CONSUMO ENTRE 2001 E 2006 NOS EUA (HORAS POR ANO)

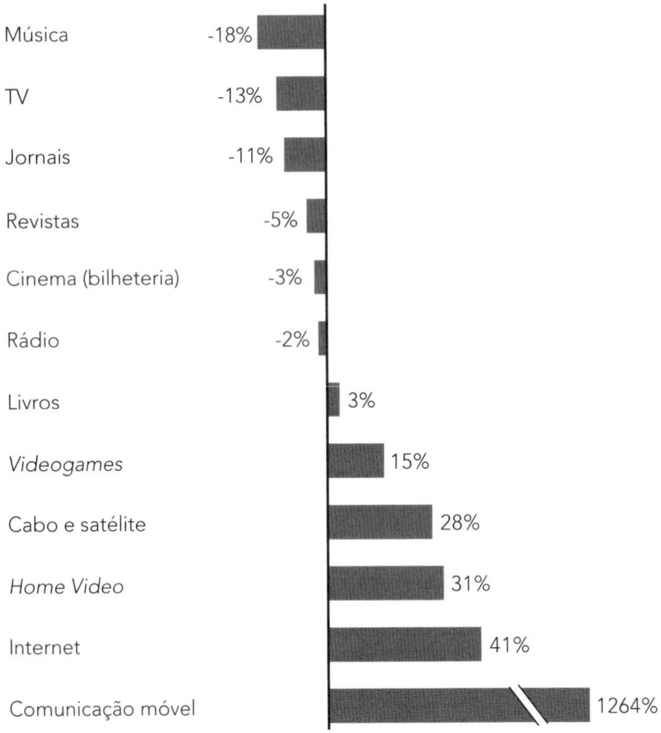

Fonte: Veronis Suhler Stevenson, PQ Media, Adams Media Research, Alexander & Associates, Arbitron, Audit Bureau of Circulations, Ball State University Media Design Center, Booz Allen Analysis

GRÁFICO 2.1 Migração entre mídias.

res tiveram tantos canais de mídia à sua disposição. Nesta era sempre ligada dos gravadores digitais, dos vídeos *on-line* e dos aparelhos móveis, e com a maioria dos consumidores jovens acostumada a jogar *videogame*, enviar mensagens instantâneas e assistir à TV, tudo ao mesmo tempo, compete aos profissionais de *marketing* reconhecer que, por mais que produzam uma mensagem atraente para determinada plataforma, a atenção do consumidor muito provavelmente estará voltada para outra. O que se convencionou chamar de *ambiente de mídia multitarefa* é tão corrente que provocou uma rodada de estudos acadêmicos a fim de medir seu impacto na educação; como destacou a Kaiser Family Foundation, "Duas décadas atrás, não era difícil ver um jovem lendo enquanto ouvia música... Ocorre que o computador permite a realização de múltiplas tarefas simultâneas [de uma maneira sem precedentes], acarretando pausas naturais no fluxo de trabalho (tempos de *download*, etc.) e interrupções regulares (mensagens *pop-up* na tela do computador). Daí que a juventude de hoje, crescida na companhia do computador, talvez esteja mais propensa ao *ambiente de mídia multitarefa*".

A televisão ainda exerce poderosa influência sobre as audiências mais jovens, mesmo na era da Internet; mas não se trata de uma influência exclusiva. Já não há quem dedique total atenção aos programas de TV ou à leitura do jornal. Mais típico de nossos tempos é aquele adolescente "multitarefa" que, sentado diante da tevê, diverte-se jogando *videogame*, lendo uma revista e conferindo suas mensagens instantâneas, tudo enquanto realiza seu dever de casa, como mostra a Figura 2.1.

Vejamos algumas estatísticas:

- Enquanto assistem à TV, 74% das pessoas leem jornal e 66% navegam na Internet.
- Enquanto leem uma revista, 59% assistem à TV.
- Enquanto leem jornais, 52% assistem à TV e 50% ouvem rádio.

"O comercial de 30 segundos não é mais o que costumava ser porque os telespectadores de hoje são *multitarefa*", observa Cie Nicholson, diretora de *marketing* da Pepsi-Cola nos Estados Unidos. "Enquanto assistem à TV, navegam na Internet e conversam

Foto: Image Source Black. Cortesia de Getty Images.

FIGURA 2.1 Aprendendo a alcançar uma audiência "multitarefa".

nos seus celulares. Isso significa que, embora possam passar mais tempo na frente da televisão, eles já não o fazem passivamente".

Neste novo mundo, os modelos mercadológicos tradicionais vêm perdendo valor em ritmo acelerado, e muitos já estão obsoletos. Os "consumidores" já não podem ser tratados como abstrações estatísticas; devem ser reconhecidos como seres infinitamente diversos, com preferências e atitudes mensuráveis. Seres que, cada vez mais, estão rejeitando as informações, o entretenimento e as comunicações de *marketing* que julgam irrelevantes, bem como exercendo sua opção de escolha pelos tipos de mídia que lhes oferecem mais daquilo que *eles* desejam: maior personalização, relevância e interatividade. Isso os torna uma espécie de alvo publicitário totalmente diferente: não mais passivo e convenientemente disponível, mas seletivo, cético e exigente. O poder na relação de *marketing* passou para o lado deles.

Neste momento, reinventar sua profissão como uma arte centrada no consumidor é o penoso desafio que se impõe aos altos executivos de *marketing* e comunicação. Haja vista o número cada vez maior de consumidores não só ignorando como evitando ativamente a propaganda de *commodities*, o *engajamento*, a *relevância* e os *resultados* passam a ser o foco da energia e criatividade mercadológicas. Se David Olgivy ainda estivesse vivo, na certa diria: "O consumidor não é um idiota; ele é o seu patrão".

DAS IMPRESSÕES À RELEVÂNCIA

Dado que o consumidor é o novo patrão no mercado de mídia, as percepções e revelações sobre seu comportamento e suas preferências – a perspectiva capaz de dar relevância à propaganda – tornaram-se demasiado importantes estrategicamente para depender dos métodos de pesquisa do passado. A verdade pura e simples é que os métodos de pesquisa de mercado mecanicistas da era do *mass market* e a visão genérica fornecida aos gerentes de marca por entidades de pesquisa terceirizadas já não bastam. Hoje, os profissionais de *marketing* bem-sucedidos estão construindo pouco a pouco seus próprios estoques de *insights* sobre o consumidor, ao buscar meios sistemáticos de formar seu julgamento a partir da exposição constante e aprimorada ao que os consumidores pensam, experimentam e dizem uns aos outros.

As primeiras empresas a encarar essa nova realidade são algumas das mais clarividentes e perspicazes fabricantes de produtos de consumo, que têm determinado o ritmo das mudanças – começando por suas próprias práticas. "Nosso pessoal vem evoluindo junto com as mudanças desse modelo de mídia", afirma Nicholson. "Hoje, realizamos muito mais trabalho de base. Sempre fizemos amostragens, mas, ao comprarmos a SoBe Beverages, em 2001, adquirimos uma tremenda *expertise* nessa área. Obtivemos também sofisticação na arena digital e na esfera do *customer marketing*, além de nossa capacidade de inovação ter melhorado".

Neste mundo sempre ligado, em que o uso da mídia vem migrando para o digital, a propaganda pode ser bloqueada ou ignorada e o conteúdo, consumido sob demanda, os profissionais de *marketing* devem procurar novas maneiras de distinguir entre os aspectos do comportamento do consumidor que permanecerão os mesmos e aqueles que irão mudar. Muitos desses profissionais estão se voltando para a observação e o contato diretos com os consumidores.

No Yahoo!, por exemplo, os altos executivos visitam os laboratórios internos da empresa uma vez ao mês, a fim de entrevistar os consumidores diretamente. "Quero continuar construindo empatia", revelou Cammie Dunaway durante seu exercício como diretora de *marketing* do Yahoo!, "por aquilo que os consumidores estão experimentando, bem como criar apreço pelo valor de falar com eles." (Dunaway, desde então, deixou a empresa para assumir o cargo de vice-presidente executiva de vendas e *marketing* da Nintendo dos Estados Unidos.) Entre outras coisas, descobriu-se que, em muitos casos, os usuários *on-line* não prestam atenção aos últimos e principais recursos oferecidos pelos engenheiros da empresa; na verdade, consideram tais recursos desnecessários e mesmo frustrantes. Esse, naturalmente, tem sido um problema perene em muitas empresas de tecnologia. Hoje, no entanto, se as empresas forem capazes de manter um diálogo com os consumidores sobre suas necessidades e preferências, essas armadilhas poderão ser evitadas.

Tão logo percebam quanto vale contar com os mais embasados *insights* sobre o consumidor, os profissionais de *marketing*, as agências de propaganda e as empresas de comunicação se lançarão numa acirrada disputa por essa vantagem. Por ora, aqueles gozam de significativa vantagem sobre estas. De fato, nos últimos anos os profissionais de *marketing* têm feito investimentos maciços em novas técnicas de pesquisa, currículo de *marketing* e gestão de relacionamento com o cliente. Além disso, ampliaram sua participação nas áreas de mídia digital, *marketing in-store*, *marketing* boca a boca e *marketing* experiencial – ferramentas poderosas que não apenas são elementos cruciais para o alto impacto do composto mercadológico e midiático no futuro, como também um veículo importante para a geração de *insights* sobre o consumidor.

> "A tecnologia permite aos profissionais de *marketing* dar voz aos consumidores. Trata-se de uma mudança radical e impactante, desde que prestemos atenção ao que nossos consumidores estão dizendo. No [século XX], nossa atividade de *marketing* era basicamente um monólogo. Realizávamos quase todo – se não todo – o discurso. E esperávamos que o consumidor nos ouvisse. Hoje, no século XXI, adotamos o diálogo. Os consumidores querem ser ouvidos. E, de fato, não tolerarão coisa diferente."
>
> —John Hayes, diretor de *marketing*, American Express.

Insights detalhados sobre o mercado – quem são os consumidores, o que desejam e o que realmente irão comprar – não podem ser obtidos com as tradicionais fontes de pesquisa de mercado e de audiência. Mas *podem* ser encontrados na mídia digital, que torna mais fácil para os anunciantes ouvir o que seus consumidores estão dizendo e fazendo dia a dia. De fato, a tecnologia digital tem proporcionado a eles muitas oportunidades de ouvir a voz dos clientes. Mecanismos de busca, redes sociais, blogs, compartilhamento de vídeos, *sites* de comércio eletrônico, portais de conteúdo, jogos e outras plataformas interativas vão se tornar novas e valiosas fontes de *insights* sobre os consumidores. A rigor, o desafio mais difícil não é desenvolver esses canais, mas saber como priorizá-los: definir aqueles que, em vez de simplesmente fazer mais barulho, permitem ver com exclusividade as necessidades dos consumidores.

DADOS E PONTOS DE CONTATO EM TODO LUGAR

Por que será que a experiência digital é uma fonte de *insights* sobre o consumidor tão atraente para os anunciantes? Pelo fato de permitir, cada vez mais, extrair dados mensuráveis em quase todos os lugares onde os consumidores vão. Resolvidas certas questões envolvendo acesso a dados e privacidade, os registros de cliques em *websites* e os dados captados em *cookies* (arquivos de rastreamento mantidos pelo navegador dos computadores) podem oferecer aos anunciantes o equivalente eletrônico das impressões digitais, pois permitem detectar cada aspecto da experiência *on-line* dos consumidores. Essas impressões incluem registros dos *sites* visitados, vídeos assistidos ou enviados a amigos, tópicos pesquisados e produtos recomendados ou, melhor ainda, adquiridos. Uma vez combinados esses elementos com as informações pessoais cedidas voluntariamente pelos consumidores (*opt-in*), o resultado é um rico perfil do consumidor, que pode ser usado para melhor embasar cada aspecto do *marketing*. Não menos importante é que os dados obtidos a partir do fluxo de cliques são bilaterais e, pela primeira vez, servem como censo da real atividade dos consumidores – algo bem mais valioso que as projeções derivadas de amostras do uso de mídia analógica.

Na mídia tradicional, um anunciante compra audiência com base na *estimativa* da quantidade de impressões criadas entre um dado grupo demográfico – por exemplo, o número de telespectadores entre 18 e 49 anos que assistem à serie *Heroes*, transmitida pela rede de TV americana NBC. Esse número, por sua vez, é refletido na etiqueta de preço *custo por mil impressões* (CPM). Na mídia *on-line*, de modo semelhante, os anunciantes podem comprar espaços comerciais baseados no mesmo modelo de CPM. Podem também saciar sua sede de mensurabilidade pagando conforme medições que estejam diretamente relacionadas à real atividade do consumidor. Podem comprar pelo sistema *custo por clique* (CPC), em que o valor baseia-se no número de vezes que os consumidores clicam determinado anúncio, ou pelo modelo *custo por ação* (CPA), em que o valor é baseado nas vendas ou registros, ou em qualquer ação que o profissional de *marketing* queira especificar.

Além disso, cada vez mais os anunciantes *on-line* podem colocar e comprar seus anúncios tomando por base, em vez dos grupos demográficos visados, *insights* reais sobre os interesses dos consumidores. Em 2007 a PepsiCo lançou uma campanha digital para a água vitaminada Aquafina Alive e colocou seus anúncios em cerca de 4 mil *sites* que sabia frequentados por uma maciça concentração de consumidores interessados em "estilos de vida saudáveis". Esse foco direcionado aos interesses – e não a grupos demográficos, como "mulheres sofisticadas" – levou a um aumento de 300% na taxa de *click-through**. "Jamais conseguimos atingir esse nível de granularidade"[1], comentou ao *Wall Street Journal* John Vail, diretor do grupo de *marketing* interativo da Pepsi.

Claro que a crescente disponibilidade de dados granulares pode intimidar. É por isso que os profissionais de *marketing*, as empresas de comunicação e as agências de propaganda terão de aprender a analisar a marca e o valor da construção de relacionamento nas diferentes ocasiões de uso. Esses são os *pontos de contato* (*touchpoints*) – as plataformas de mídia pelas quais os consumidores se comunicam com as marcas.

O primeiro passo para determinar os pontos de contato que mais importam é traçar mapas do comportamento de mídia dos consumidores-alvo. Tais diagramas são compilados a partir de uma

---

* N. de R.T.: *Click-through-rate* é o percentual de cliques em anúncios plubicitários em relação ao número de visitas que uma página web tem.

análise detalhada dos principais segmentos de consumo. As análises destacam onde e quando os indivíduos entram em contato com canais de mídia ou entretenimento: em casa, no trabalho ou em movimento. Os mapas revelam quais são as plataformas (televisão, telefones celulares, iPods, computadores de mão), mídias (programas de TV, blogs, *videogames*, redes sociais, mensagens instantâneas) e marcas preferidas, além de rastrear as ocasiões (depois da escola, nos fins de semana, no deslocamento de casa para o trabalho) e a frequência de cada uma dessas atividades. Muitos deles dão um passo adiante e ligam esses *insights* a pontos de contato não midiáticos, como os hábitos de compra ou as experiências com serviços de consumo. Esses mapas são utilizados com o propósito de determinar onde estão as melhores oportunidades para criar uma conexão de marca relevante e capaz de afetar o comportamento de consumo.

O processo de mapeamento dos pontos de contato é posteriormente reproduzido através dos diferentes segmentos e marcas em vista. Por exemplo, pessoas que estejam apenas se familiarizando com determinada marca podem ter um ponto de contato, talvez, ao visitar um varejista local. "Defensores" da marca podem ter outro ponto de contato – checar regularmente um fórum *on-line*, por exemplo. Usuários assíduos dos produtos de um concorrente podem ter um terceiro ponto de contato – o boca a boca dos amigos, por exemplo, ou, mais comumente, uma campanha televisiva. Os *insights* advindos do mapeamento dos pontos de contato permitem aos profissionais de *marketing* formar um juízo mais eficaz sobre os diferentes segmentos de consumidores e com isso determinar se sua propaganda deve ser divertida ou informativa, identificando que plataformas de mídia podem com mais eficiência fazer os consumidores passarem da consciência à compra.

Em 2006, o banco JPMorgan Chase valeu-se de um *insight* baseado em um ponto de contato ao escolher o Facebook, a popular rede de relacionamentos, para o lançamento de um novo cartão de crédito, o " + 1 ", destinado ao público universitário. "Percebemos que o Facebook, com toda a credibilidade de que desfruta no mundo estudantil, seria um bom parceiro", explicou Sangeeta Prasad, supervisora de *branding* da Chase Card Services. "Para os estudantes, os emissores de cartões de crédito e as instituições financeiras em geral não atendem às suas necessidades."[2] O Chase promoveu seu cartão servindo-se de um grupo patrocinado do Facebook que, num único ano, conseguiu atrair aproximadamente 34 mil membros. "Isso coloca [esse grupo do Facebook] no topo da lista dos cerca de 190 grupos 'patrocinados', em companhia do American Eagle e do Dave Matthews Band Summer Tour"[3], noticiou o *New York Times*. A Figura 2.2 mostra como essa página do Facebook baseada na pesquisa de pontos de contato conferiu relevância mercadológica ao cartão de crédito +1. Tal relevância foi construída graças à presença do Facebook e ao fato de a adesão ao citado gru-

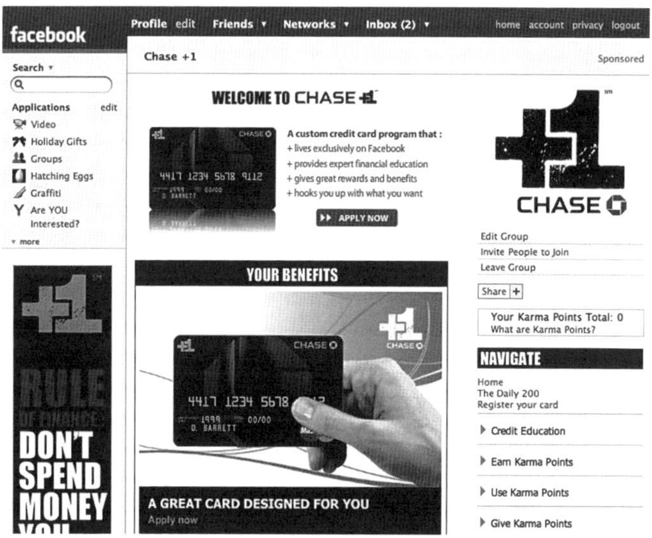

Facebook é uma marca registrada de Facebook, Inc.

FIGURA 2.2 Grupo Chase no Facebook.

po ser restrita a estudantes universitários. À medida que o Chase e outras empresas ganhem experiência com as redes sociais, os *sites* se tornarão mais sofisticados – em conteúdo, aparência e sensação, e na capacidade de rastrear e analisar o comportamento dos consumidores.

A capacidade de fazer uso da mídia *on-line* para *saber*, e não simplesmente *imaginar*, o que será relevante para os consumidores representa uma considerável mudança de paradigma na esfera do *marketing*, servindo de antídoto contra a atual perda de controle experimentada por muitas pessoas nas áreas de *marketing*, comunicação e propaganda. Os anunciantes já não poderão controlar os consumidores como antigamente, mas poderão utilizar essa análise de dados mais profunda e embasada para deles se tornarem parceiros. Com isso terão a possibilidade de criar os tipos de experiência de propaganda e mídia que irão fortalecer suas marcas a longo prazo.

AJUSTANDO AS MENSAGENS AOS CANAIS DE MÍDIA

Insights mais profundos e detalhados sobre os consumidores levam naturalmente a um composto de comunicação mais sofisticado. Os profissionais de *marketing* estão começando a perceber que, mesmo a escolha da mídia não respondendo por toda a mensagem, ela é parte fundamental da mensagem. Vejamos alguns exemplos de como diferentes canais de mídia favorecem diferentes objetivos mercadológicos:

- ***Comunicar benefícios funcionais ou emocionais.*** Conteúdos de vídeo (TV ou digital) podem contar uma história, dar vida visual a uma marca, bem como construir consciência.
- ***Transmitir informações sobre a marca e o produto.*** Canais impressos e *on-line* ensejam oportunidades excepcionais de ir a fundo nas necessidades e desejos dos consumidores, cons-

truindo um conhecimento detalhado sobre setores tão variados quanto os de reformas residenciais e produtos farmacêuticos, reforçando a credibilidade da marca e, em última instância, incentivando sua defesa e lealdade.

- ***Orientando as compras e os testes.*** Promoções varejistas, disposição na prateleira, empacotamento, amostras e mídia *in-store* – todos esses elementos podem influenciar as decisões dos consumidores, onde e quando quer que estejam prontos para comprar.
- ***Comunicando-se com consumidores em movimento.*** Veículos de mídia ao ar livre (*outdoor*) e em outros locais podem captar a atenção dos consumidores fora de seus lares, alcançando-os em ambientes de mídia menos congestionados.
- ***Criando uma experiência de marca.*** O *marketing* experiencial cria um ambiente que permite a uma marca conectar-se diretamente aos interesses e paixões dos consumidores mediante eventos reais e experiências *on-line*.

UMA VISÃO MELHOR DO CONSUMIDOR

A maior quantidade de pontos de contato, dados granulares e *insights* possibilita aos profissionais de *marketing*, como nunca antes, ouvir e responder aos consumidores de maneira informada, integrada e relevante. A Procter & Gamble foi uma das primeiras grandes empresas a perceber isso e redirecionar seu foco para o consumidor. Assim, em vez de falar *aos* consumidores, os profissionais de *marketing* da P&G aprenderam a falar *com* os consumidores. A empresa desenvolveu um modelo de persuasão baseado na compreensão do consumidor, na relevância da propaganda e na atração magnética, criando o tipo de *marketing* que seduzia naturalmente as pessoas.

"Aprendemos a valorizar o coração tanto quanto a mente", observa Jim Stengel, diretor de *marketing* global da P&G. "Temos sido uma empresa muito racional, muito baseada em dados. E não queremos perder essa característica. Apenas nos tornamos mais empáticos, uma empresa mais atenciosa do que jamais foi".

Um ótimo exemplo disso é o novo enfoque da empresa à comercialização de fraldas descartáveis. Como nota Stengel, o processo de aprendizagem relativo ao posicionamento de mercado não iniciava numa sala de reuniões da diretoria, com trituradores de números atuando nos bastidores, tampouco em grupos focais fortemente estruturados, mas em conversas abertas com os clientes da empresa. "Passamos metade do dia numa de nossas reuniões trimestrais da alta administração conversando com mamães *experts* em mídia. Queríamos que nossos executivos seniores, que são imigrantes digitais, entendessem como as pessoas estão passando o tempo e obtendo suas informações. Depois de quatro ou cinco horas de uma experiência como essa, não dá para voltar atrás e dizer: 'Muito bem, vamos traçar um plano de mídia 95% direcionado à TV'. Você começa a pensar as coisas de maneira diferente."

A nova postura representou um salto para a empresa que havia criado a primeira fralda descartável de sucesso comercial e, com ela, instituído a categoria. Por anos a marca baseara-se em benefícios funcionais. "Graças a nós, há menos bumbuns molhados no mundo", explica Stengel. "Além disso, tínhamos uma organização inteira de P&D focada na absorção de fluidos, na rapidez desse processo, [em seu efeito sobre a] saúde da pele, e assim por diante." No entanto, depois de ouvir atentamente os consumidores, os profissionais de *marketing* da empresa perceberam que as mães estavam procurando algo mais que contenção e secura; buscavam produtos que ajudassem seus bebês a desenvolver-se e amadurecer.

"Isso de fato nos fez refletir sobre o lugar que desejávamos ocupar e sobre como éramos vistos pelas mães. Então nos perguntamos: 'Não almejamos liderar o setor de cuidados para bebês e fazer realmente diferença junto às mães e seus filhinhos?'" Mudar a mensagem da marca, redirecionando seu foco da secura das fraldas para o desenvolvimento dos bebês, era uma tarefa e tanto, indo muito além do departamento de *marketing*: a P&G dispunha de centenas de profissionais de P&D e fábricas com dezenas de milhões de dólares investidos. Tudo isso teve de acomodar-se a um novo conjunto de necessidades. "Os bebês usam fraldas 24 horas por dia, sete dias por semana, por quase três anos", destaca Stengel. "É necessário, pois, que elas sejam tão macias e confortáveis quanto as roupas do corpo, e que tenham um *design* compatível com o desempenho geral do produto e com a satisfação do consumidor. Tudo começa a mudar".

Às vezes, o maior entrave à assimilação desse tipo de *insight* sobre o cliente é levar a organização a prestar atenção. "Nos primeiros dias", prossegue Stengel, "pensavam que tínhamos enlouquecido. Como uma fralda pode ajudar no desenvolvimento de um bebê? Mas a realidade é que, ao refletir sobre o assunto, ele começa a orientar o pensamento. De repente, lá está o pessoal de P&D raciocinando: 'Como podemos ajudar os bebês a dormir melhor? Ora, e por que estamos preocupados que os bebês durmam melhor? Porque o sono é importante para o desenvolvimento mental e contribui para a capacidade de relacionamento'. Pensamentos como esses, e decisões tomadas assim, compostas, têm um grande efeito no negócio e em nossa capacidade de ajudar a melhorar a vida de nossos clientes."

Se essa espécie de reavaliação de um único produto já é difícil, o que dizer do desafio de criar o mesmo grau de intimidade com o consumidor em um portfólio inteiro de produtos globais? Eis uma missão quase impossível de realizar utilizando-se somente mídias analógicas e as tradicionais pesquisas de mercado. Os resultados desejados só se tornam realizáveis quando a empresa redireciona seus esforços publicitários para mensagens e experiências relevantes e envolventes – hoje mais comumente encontradas na mídia digital – que estimulem o diálogo com os consumidores.

Grandes empresas costumam demorar para reagir às mudanças, e aqui está a prova: nos Estados Unidos, os gastos com propaganda ainda não refletem os rituais de mídia contemporâneos do consumidor. Tão logo os profissionais de *marketing* estejam atualizados com os novos padrões de consumo de mídia, é provável que os diagramas de barras do Gráfico 2.2 alinhem-se mais estreitamente à medida que o orçamento de publicidade corporativo alocado a jornais, TV aberta e revistas passe a ser cada vez mais investido na Internet. O fator crucial para os profissionais de *marketing* e os veículos de comunicação é que a atual lacuna entre

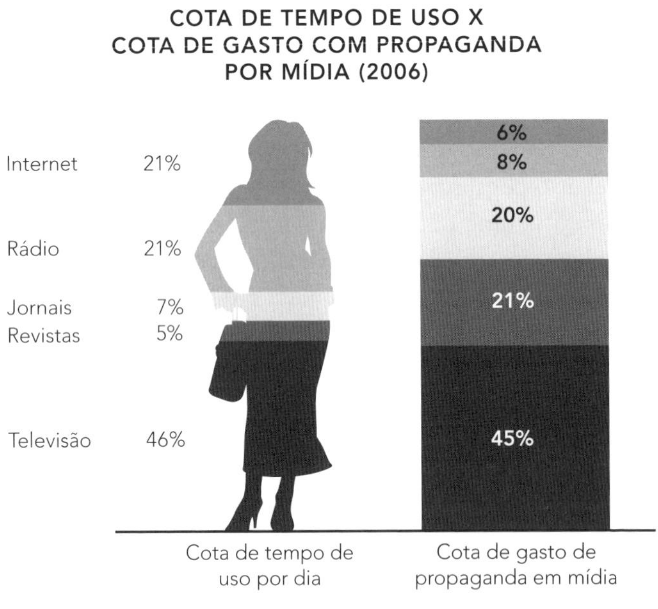

Fonte: *The User Revolution* (Piper Jaffray, 2006); Online Publishers Association
O uso da Internet é medido apenas em casa.

GRÁFICO 2.2 Lacuna entre o comportamento do consumidor e os gastos dos anunciantes.

o uso da mídia *on-line* (~21%) e o dispêndio com a mídia *on-line* é grande demais, sobretudo se considerarmos os contínuos avanços na tecnologia *on-line* (~6 a 8%) e na seleção dos segmentos-alvo (*targeting*), a maior disponibilidade de mídias de consumo e profissionais *on-line*, a crescente sofisticação *on-line* dos profissionais de *marketing* e dos consumidores e o maior potencial de mensurabilidade e ROI da mídia digital em relação às plataformas mais tradicionais.

Em certos mercados internacionais onde o uso da mídia *on-line* é especialmente elevado, esse realinhamento do *marketing mix* vem se dando em ritmo ainda mais acelerado. Considere o caso do Reino Unido, onde em 2007 os veículos de comunicação *on-line* captaram aproximadamente 15% dos gastos totais de mídia (contra cerca de 8% nos Estados Unidos). Nos Estados Unidos, conforme prevê o Group M do WPP, ao final de 2008 os gastos *on-line* representarão 24,8% de todo o dispêndio publicitário, contra uma participação prevista de 26% da televisão. O Group M antecipa mudanças similares no composto publicitário (*advertising mix*) de mercados como os da Suécia e da Dinamarca, em que as mídias televisiva e impressa acham-se igualmente vulneráveis aos avanços da propaganda *on-line*.

Apesar de certos aspectos singulares desses mercados (por exemplo, a grande presença de redes públicas, como a BBC, reduz o tamanho dos gastos totais com a TV comercial, e elas se direcionam para a mídia impressa de maneira ainda mais significativa do que no caso americano, eles representam o que pode acontecer quando os anunciantes põem em prática uma agenda de propaganda e mídia mais agressiva, pressionando suas agências para que desenvolvam campanhas mais inovadoras e trabalhando diretamente com seus parceiros de mídia. Como mostra a Tabela 2.1, os gastos com publicidade *on-line* nos Estados Unidos, tomando por base os lares americanos, já superam ofertas de mídia consagradas, como rádio, páginas amarelas e *outdoor*, além de estarem obtendo participação sobre outras mídias – primeiro a impressa e agora, cada vez mais, a

TABELA 2.1 Gastos com publicidade por mídia nos Estados Unidos

US$	Gasto com publicidade nos EUA em 2006 (bilhões)	Lares (milhões)	Gasto com publicidade/lar
Promoções	$111	11	$993
Telefone	$104	112	$929
Jornais	$49	56	$885
Mala direta	$60	112	$537
TV aberta	$48	109	$444
TV a cabo	$24	75	$318
Revistas	$24	86	$ 279
Internet/*on-line*	$17	75	$224
Rádio	$22	110	$196
Páginas amarelas	$15	112	$137
Outdoor	$7	112	$61
Média			$455

Internet = US$ 224 por lar
***vs.* US$ 444 para TV aberta *vs.* US$ 885 para jornais**

Nota: Promoções incluem incentivos, produtos promocionais, ponto de venda, impressos especiais, cupons, prêmios, licenciamentos promocionais, acompanhamento das ações/ mensuração dos resultados, amostras de produtos e *marketing in-store*.

Fontes: Morgan Stanley, Veronis Schuler Stevenson, eMarketer, Newspaper Association of America, Television Bureau of Advertising, Magazine Publishers of America, Publishers Information Bureau, Interactive Advertising Bureau, National Cable & Telecommunication Association, Radio Advertising Bureau, Outdoor Advertising Association of America, análise da Booz Allen.

televisiva. Com aproximadamente 8 em cada 10 americanos conectados *on-line* todos os dias, segundo consta, não é exagero esperar que o gasto médio com propaganda *on-line* por residência (atualmente girando em torno de US$ 445) continue crescendo, sobretudo se levarmos em conta seu potencial de obter uma participação ainda maior sobre os jornais, as revistas e a televisão, bem como sobre ofertas *below-the-line*, como promoções e mala-direta/telefone, à medida que esses gastos também migrem para as mídias digitais.

PIONEIROS NA ESTRATÉGIA CENTRADA NO CONSUMIDOR

Com tantas opções disponíveis para os profissionais de *marketing* chegarem aos consumidores, não há uma abordagem dominante para traduzir essa ou aquela marca em uma mensagem ou experiência atraente. Para tanto são necessárias experiências rigorosas e a coragem de expandir, transmutar e integrar campanhas entre a mídia tradicional, a mídia digital e mesmo o varejo. Esse intricado mosaico de peças mercadológicas se apresenta em acentuado contraste com a "explosão orçamentária" representada pelo tipo de abordagem "Super Bowl", centrada na TV.

Uma vez mais, a Procter & Gamble é um exemplo de pioneirismo bem-sucedido na era digital. Maior anunciante do planeta, a empresa tem feito experiências sistemáticas com seu *marketing mix* a fim de determinar os canais de comunicação que mais bem se ajustam a suas marcas. Tais esforços mostraram-se promissores o bastante para que o CEO A. G. Lafley proclamasse: "Se você der um passo atrás e olhar o [*marketing*] *mix* que aplicamos à maior parte das principais marcas, verá claramente que ele está mudando, mudando da mídia tradicional para a mídia *in-store*, a Internet e ações de experimento"[4]. Mas a P&G não está só nessa empreitada; cada vez mais os gastos com propaganda de produtos de consumo estarão convergindo para conteúdos digitais, boletins informativos eletrônicos (*e-newsletters*), entretenimento de marca (*branded entertainment*) e programas de publicidade viral/boca a boca, tudo isso aliado a um maior foco nos programas *in-store*.

Desde o lançamento de seu *site* homemadesimple.com, em 2000, a P&G tem demonstrado novas maneiras pelas quais as empresas de produtos embalados podem beneficiar-se do ambiente digital. Com efeito, o Home Made Simple é para a Internet o que as novelas eram para a televisão: um modelo do que pode acontecer quando um profissional de *marketing* se torna editor digital. O *site* é um portal de marca com uma identidade diferente (o nome corporativo da P&G só aparece se examinamos o *site* atentamente), apresentando uma categoria inteira de produtos, e concebido com o propósito de estabelecer um valioso ponto de contato direto com o consumidor. O *site* tem como foco o portfólio de produtos de cuidados para o lar da P&G, que inclui marcas como Swifter, Cascade, Dawn, Tide, Mr. Clean e Febreze. Suas páginas eletrônicas são repletas de conteúdos textualmente relevantes – informações sobre produtos, histórias compartilhadas, ideias para o lar (receitas, dicas de decoração para guardar antiguidades, etc.), concursos, promoções e mesmo músicas de artistas como Diana Krall e Harry Connick Jr. A Figura 2.3 mostra o *site* no final de 2007. Como podemos ver, trata-se de um site acolhedor e informativo, que busca atrair os consumidores-alvo e incutir-lhes lealdade aos produtos da P&G.

O valor do Home Made Simple vai muito além de sua presença na Web. Para a P&G, trata-se de um poderoso veículo de *marketing* de relacionamento, com boletins informativos que contam com mais de seis milhões de assinantes mensais. Mais recentemente, o próprio *site* tornou-se uma marca multimídia, com presença semanal no canal TLC da Discovery Network.

De maneira semelhante, o Beinggirl.com, portal voltado para o público adolescente feminino, foi desenvolvido pela P&G com a proposta de criar um ambiente *on-line* relevante para marcas como Secret, Cover Girl, Always e Tampax. Aqui também a importância de ouvir os consumidores rendeu dividendos para a P&G. No início, o conteúdo do Beinggirl era predominantemente educativo – nem empolgante, nem divertido. Entretanto, depois de perguntar às usuárias do *site* que tipo de conteúdo desejavam, a P&G descobriu que a música estava entre seus principais interesses. Em vista disso, a empresa de produtos de consumo tratou de arregimentar a Sony BMG, que trouxe para o *site* novas ofertas musicais. Hoje,

FIGURA 2.3 Home Made Simple: um *touchpoint* digital para o consumidor.

o Beinggirl.com conecta a P&G diretamente com cerca de 500 mil jovens a cada mês.

A crença da P&G de que pequenos grupos de consumidores altamente motivados podem tornar-se grandes multiplicadores promocionais colocou a empresa na vanguarda do *marketing* viral e boca a boca. Dada a dificuldade de vender café aos consumidores mais jovens pelos canais de mídia tradicionais, a Folgers, da P&G, decidiu experimentar uma campanha viral de videoclipes, distribuídos em *websites*, como o adcritic.com, o boardsmag.com, o buzzpatrol.com e o YouTube.com. O comercial da Folgers que vemos na Figura 2.4, realizado em 2007, penetrou na consciência dos consumidores jovens mediante uma bem calculada campanha de *marketing* viral veiculada em *sites* como o YouTube. Outros dois exemplos do potencial de *marketing* boca a boca desenvolvido pela P&G como alternativa à mídia tradicional

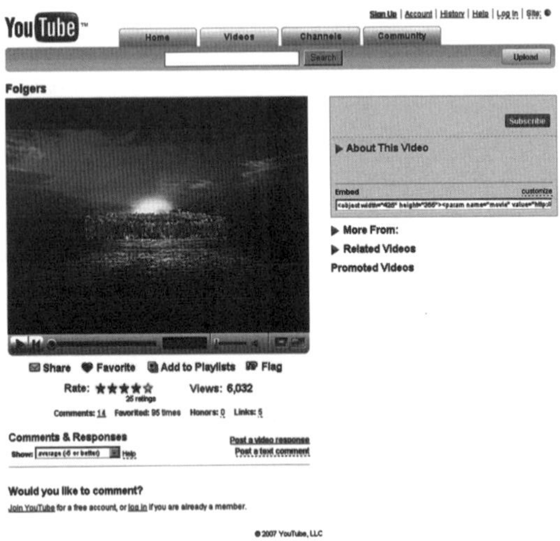

FIGURA 2.4 Áreas para o *marketing* viral.

são suas unidades Tremor (250 mil adolescentes) e Vocalpoint (600 mil mães).

O que têm a acrescentar todos esses elementos? Para a P&G, a resposta está na diminuição da confiança depositada nos veículos de mídia tradicionais. Um resultado complementar é a elaboração de uma estratégia multidimensional para estabelecer e fomentar um relacionamento direto com o consumidor. A meta da P&G a longo prazo é criar um potencial de *marketing* de relacionamento capaz de atingir diretamente 40 a 60 milhões de lares – escala essa inimaginável no universo mercadológico pré-digital. Além disso, a flexibilidade da mídia digital permite à empresa buscar execuções e ajustes mais rápidos em sua propaganda, *marketing* e atividades promocionais, os quais, por sua vez, proporcionam retornos menos filtrados por parte dos consumidores e *insights* mais granulares. Apenas uma década antes, as descobertas obtidas em volumosos grupos focais seriam posteriormente sintetizadas e serviriam *feedback* em outro fórum. Hoje, com a mídia digital, é possível aprimorar os esforços mercadológicos quase em tempo real. E as lições aprendidas com essas experiências têm o potencial de embasar decisões concernentes a muitos dos elementos da cadeia de valor corporativa: desenvolvimento de produto, manufatura, distribuição varejista e, é claro, propaganda.

PESQUISA DE MERCADO *ON-LINE*

Essas mudanças representam, para o *marketing* e a propaganda, um futuro alicerçado na visão dos consumidores em tempo real, minuto a minuto. Na tentativa de prever quais serão os desejos e as necessidades dos consumidores do século XXI, os profissionais de *marketing* estão buscando novas técnicas de pesquisa e impelindo seus trades, agências de propaganda e parceiros de mídia a fornecer os *insights* mais convincentes e específicos possíveis sobre *seus* alvos mercadológicos.

Nesse esforço, alguns dos principais anunciantes do mercado (General Mills, Kraft Foods e Charles Schwab & Co., para citar apenas três) descobriram nas comunidades privadas *on-line* – o equivalente das redes sociais exclusivas – um meio de comunicar-se mais intimamente com seus melhores consumidores. O valor dessa conexão mais estreita? A possibilidade de contar com um canal de acesso permanente ao que pensam os consumidores, conhecimentos exclusivos sobre o campo e implementações mais rápidas e interativas, jamais possibilitadas pelos métodos de pesquisa tradicionais.

"Hoje todos falam sobre essas comunidades, de modo que a pergunta já não é 'Devemos ter uma dessas?', e sim 'Como ela deve ser?' e 'Como podemos projetá-la para que realmente conquiste o engajamento dos consumidores?'"[5], afirma Diane Hessan, CEO da Communispace, Inc., empresa de serviços de *marketing* com sede em Watertown, Massachusetts, especializada na criação de comunidades *on-line* para grandes corporações.

REDES SOCIAIS: O QUE FUNCIONA?

Fundada em 1999, a Communispace é responsável pela criação de mais de 250 comunidades *on-line* sob encomenda para empresas como Kraft, Hewlett-Packard, Charles Schwab, Hallmark, Unilever, GlaxoSmithKline, Hilton Hotels, General Mills, PepsiCo e Capital One[6]. Não faz muito tempo, a empresa estudou o comportamento de mais de 26.500 membros de mais de 66 comunidades privadas *on-line*, a fim de determinar a vitalidade desses refúgios digitais. A seguir, algumas de suas descobertas:

- ***Intimidade gera participação.*** Exatos 86% das pessoas que se conectavam a comunidades privadas (capacidade média: 300 a 500 participantes) eram seus colaboradores ativos. Postavam comentários, iniciavam e participavam de diálogos, debatiam ideias e compartilhavam fotos, entre outras ações. Somente 14% conectavam-se apenas para "espreitar". Todavia, essa proporção se inverte nas redes sociais públicas. Tal disparidade sugere aos profissionais de *marketing* que quanto mais íntimo for o ambiente, maior a participação e mais intenso o envolvimento que eles podem esperar.

- ***A familiaridade é um poderoso fator de estímulo.*** Embora os índices de participantes ativos e meros "espectadores" fossem razoavelmente consistentes entre os *sites* de marca e os sem marca, os primeiros apresentaram um volume maior de participação.
- ***Homens e mulheres respondem de maneira diferente.*** A participação das mulheres era maior que a dos homens. No entanto, uma vez que estes se conectavam, participavam com uma frequência ligeiramente superior – 4,8 contribuições semanais masculinas contra 4,1 femininas.
- ***A homogeneidade desencadeia a participação.*** Comunidades criadas em torno de grupos demográficos específicos apresentam maiores níveis de participação. Tanto as mulheres quanto os homens participavam mais nas comunidades do mesmo sexo do que nas mistas. Da mesma forma, afroamericanos participavam mais nas comunidades exclusivas para afroamericanos do que nas comunidades multirraciais.

Ao trabalhar com empresas de serviços de *marketing* inovadoras como a Communispace, os anunciantes estão aprendendo a utilizar as redes sociais para melhor embasar seus esforços de pesquisa de mercado. Nessas pequenas comunidades digitais "fechadas", eles podem observar e participar das conversas entabuladas por seus clientes, bem como estimulá-los a tomar parte em estudos, linhas de discussão, *brainstorming* e bate-papos sobre temas específicos. Essa *visão* direta das discussões dos consumidores, além de revelar suas necessidades, preferências e antipatias, leva a uma consciência de *marketing* mais profunda, que pode ser aplicada na criação de produtos, teste de conceitos, desenvolvimento de mensagens e mesmo no projeto de embalagens e gôndolas.

Muitos *insights* derivados desses laboratórios digitais já ajudaram importantes profissionais de *marketing* a moldar e fortalecer suas estratégias de marca. A General Mills, por exemplo, pôde aprender muito mais sobre as preferências de compra, mídia e marca das mães clientes do Wal-Mart, um segmento-alvo de suma importância. *Insights* relativos a indulgência e controle de porções alimentares inspiraram a Kraft a criar embalagens de 100 calorias para os petiscos preferidos de seus consumidores. Já os profissionais de *marketing* da Schwab identificaram necessidades insatisfeitas, testaram preços e priorizaram novos serviços para o segmento de consumidores com elevado poder aquisitivo.

Nesse mundo sempre ligado, a expectativa é de que os profissionais de *marketing* transfiram ainda mais seus gastos com pesquisas regulares, grupos focais e estudos anuais do tipo "parem as máquinas!" para diálogos permanentes com os consumidores – diálogos que sejam fundados na experiência diária. Ouvir e responder à voz do consumidor exige trabalhar em múltiplas frentes. Pode significar mais visitas pessoais a centros de distribuição, escritórios, mercearias e residências. Muitas vezes, significa investir em pesquisas etnográficas. E inevitavelmente significa uma coleta de informações mais perspicaz e adaptável por canais de comunicação digital focados no consumidor. Significa ainda que os *insights* captados nessas interações não terminam arquivados no fundo da gaveta de um planejador de nível médio, mas influenciam diretamente a direção estratégica estabelecida pelo CMO e outros líderes de *marketing*.

"Não fazemos pesquisa de mercado. Gastamos tempo com as pessoas", revela Jean-Pierre Petit, que dirige a divisão de futebol da Nike na Europa. "Nossos *designers* e o pessoal do desenvolvimento de produto vão aos jogos de futebol, ou até os patinadores no Trecadero, para se comunicar com os jovens. Você pode aprender bastante apenas assistindo e conversando com eles."

Tipo semelhante de foco no consumidor ajudou a Volkswagen e sua agência de propaganda, a Crispin Porter + Bogusky, a criar a poderosa e transgressora campanha publicitária do Jetta 2007 (Figura 2.5). A campanha, cujo *slogan* era *safe happens** (segurança acontece), conjugou comerciais de TV e anúncios digitais com o objetivo de promover os atributos de segurança do automóvel. Valendo-se de uma combinação de violência e realismo, ela foi concebida para atingir em cheio a enigmática Geração Y, formada por jovens de 18 a 27 anos que atualmente representam um dos segmentos de consumo mais desejáveis para os anunciantes.

Num exemplo típico desses comerciais, dois jovens discutem o uso abusivo da expressão *tipo assim* enquanto avançam de carro por uma estrada vazia. No exato instante em que um diz ao outro "As coisas acontecem; elas não, *tipo assim*, acontecem", eis que um carro surge de repente à sua frente e os dois veículos colidem violentamente. Na cena seguinte, vemos os dois amigos parados de pé, sãos e salvos, diante do Jetta destruído. Um deles diz ao outro: "Puta m...", e termina o comercial.

O delicado equilíbrio desse diálogo jamais seria alcançado sem a comprovação prática de que não só chamaria a atenção dos jovens motoristas, como se comunicaria com eles. Trata-se de anúncios não apenas mordazes, mas profundamente fundamentados em *insights* sobre o consumidor – indo da teatralidade que atrai a atenção abruptamente, passando pela mensagem de segurança, até o realismo do diálogo.

* N. de T.: Trocadilho da popular expressão inglesa "*shit happens*" (m* acontece).

FIGURA 2.5 Os consumidores querem os dois: agressividade e segurança.

O momento é propício à exploração dessas novas possibilidades de acesso a *insights* sobre os consumidores, já que os métodos usados para coletar e sintetizar esses *insights* ainda estão no começo. Em pesquisa conduzida no ecossistema de *marketing* e comunicação pela Booz & Company, Inc. em parceria com a Association of National Advertisers, o Internet Advertising Bureau e a American Association of Advertising Agencies, constatou-se que menos de 25% dos profissionais de *marketing* julgam possuir o conjunto de habilidades necessário para torná-los "*experts* digitais" e, portanto, suficientemente preparados para encarar os desafios deste mundo sempre ligado.

Ao mesmo tempo, 80% desses profissionais reconhecem o vertiginoso crescimento da importância dos *insights* sobre o consumidor nos últimos cinco anos, enquanto 60% começam a avaliar regularmente o comportamento dos consumidores quanto ao uso da mídia, como parte de seu esforço para penetrar em sua mente e traçar-lhes o perfil. Como destaca John Hayes, diretor de *marketing* da American Express, "O mundo está no meio de uma conversa permanente. Participar dessa conversa significa muito, pois é aí que você cria relevância, que gera uma afinidade por seus produtos; assim, você começa a vender".

A NOVA NATUREZA DO CONSUMIDOR

Novas formas de *insights* sobre o consumidor surgirão a tempo de alcançar os consumidores do século XXI: diversas gerações de compradores que a cada dia se tornam mais difíceis de compreender, quanto mais alcançar, pelos mecanismos mercadológicos tradicionais. Consumidores que, de tão *experts* em mídia, são quase imunes a ela. Ao menos quatro gerações deles, conforme definido pelo pensamento demográfico convencional, são relevantes nesta era sempre ligada, cada qual com sua própria maneira de tornar a vida dos profissionais de *marketing*, das empresas de comunicação e das agências de propaganda um desafio.

A Geração *Baby Boom*

A geração *baby boom* nasceu entre o fim dos anos 1940 e início dos 1960 – os anos do pós-guerra. O grupo, cujos integrantes atualmente estão próximos da aposentadoria, dominou as atenções do *marketing* desde os primeiros anos, muito em função de sua população relativamente numerosa na América do Norte e na Europa.

No mercado de consumo do século XXI, os *boomers* são a geração analógica – indivíduos que cresceram em frente à TV e ouvindo discos de vinil. Mas também foram eles a primeira geração que de fato reorganizou o poder da mídia digital massificada: Bill Gates, fundador da Microsoft, Steve Jobs, criador da Apple Computer, e Tim Berners-Lee, inventor da World Wide Web, são todos membros desse grupo (os três nascidos em 1955, um anos após sua população atingir o pico). Conhecida por seu idealismo (uns diriam moralismo, outros auto-obsessão), essa geração notabiliza-se pela tradição de exigir o máximo das instituições que a cercam, ao mesmo tempo em que resiste a seu controle.

Uma das ironias dessa geração é que os anos *baby boom* incutiram na juventude uma fixação pela mídia e pela propaganda que jamais desapareceu por completo. Mas esse quadro deve mudar: o crescente número de pessoas com mais de 50 anos é por si só uma garantia. Consumidores sempre vorazes, sempre criativos em articular suas exigências, os *baby boomers* já estão pedindo um amplo leque de produtos e serviços que os ajudem a gozar os dourados anos de sua aposentadoria.

A geração X

A Geração X, também conhecida como geração "relapsa" (*slacker*), "geração *bof*" e geração "*baby bust*", veio ao mundo nos anos que intermedeiam o assassinato do presidente dos Estados Unidos John F. Kennedy e o início do mandato de Ronald Reagan. *Bof*, que em francês significa um desdenhoso "que seja", é o termo apropriado aos integrantes dessa geração, cuja visão cínica do mundo foi forjada durante o período de dificuldade econômica em que cresceram. Trata-se de um grupo muito menos numeroso que os *baby boomers*, seus anos de formação estendendo-se da crise do petróleo dos anos 1970 à recessão do início dos 1990.

Os *relapsos* foram os primeiros entusiastas do Atari e a primeira geração a mergulhar de cabeça nos *videogames*. Basicamente, são indivíduos que cresceram na frente da TV, tendo suas atitudes moldadas por canais a cabo como a MTV e a CNN. Pertencem ao grupo as ditas "crianças com chave de casa"* dos anos 1970. A rigor, os relapsos não se deixam persuadir facilmente por alguma

---

* N. de T.: No original, "*latchkey children*", termo dado às crianças que após a escola permanecem em casa sozinhas enquanto os pais trabalham fora.

forma de publicidade de massa. Não raro gostariam de construir famílias mais sólidas, mas às vezes sentem carecer dos recursos emocionais e financeiros para tal. Muitos deles cresceram com a expectativa de que não conseguiriam viver tão bem, ou tão comodamente, quanto seus pais. Tampouco se sentem necessariamente incluídos no esforço, cada vez mais manifesto, de ganhar a atenção de seus pares mais jovens da Geração Y.

A Geração X foi a primeira e autêntica geração PC – uma herança da tecnologia "mão na massa" que explica por que seus integrantes estão na vanguarda do empreendedorismo e da Internet. Hoje, estão assumindo posições de liderança em todos os segmentos da sociedade, sendo em muitos casos os principais propulsores da economia digital – basta pensar em Jerry Yang, do Yahoo!. De fato, a "guerra por talentos" deflagrada em muitos setores reflete o fato de essa geração ser menor em número que a geração *baby boom*.

O ceticismo e o pragmatismo da Geração X já começaram a afetar a cultura dominante em muitos países, e o farão ainda mais intensamente à medida que seus membros realizem seu pleno potencial. Com a Geração X em posições de influência, será muito difícil para os profissionais de *marketing* triunfarem com alegações infundadas ou enganosas.

Geração Y

Os membros da Geração Y, também conhecidos como "*millenials*" e "*echo boomers*", são os filhos dos *baby boomers* – o que significa dizer que são muito mais numerosos que seus predecessores da Geração X. Englobam os mais de 60 milhões de consumidores americanos nascidos entre o lançamento da MTV, em 1981, e a comercialização da Internet, em 1996, somando quase 90 milhões na Europa e 20 milhões no Japão. Os membros mais velhos dessa geração só agora estão ingressando no *mainstream* adulto dos carros confiáveis e do financiamento da casa própria.

Se a Geração X passava um bocado de tempo à frente da TV, os *echo boomers* constituem a primeira geração a estar sempre ligada. São indivíduos que consomem todos os meios de comunicação imagináveis: TV, rádio, telefone celular, Internet, *videogame* – não raro ao mesmo tempo. Para eles não há diferença real entre TV a cabo e TV aberta, pois jamais viveram em um mundo onde as ofertas de canais fossem inferiores à ordem de três dígitos. Daí que, por necessidade, sua atenção seja muito seletiva. Além disso, seus anos de formação foram muito mais otimistas que os da Geração X, resultado dos recursos financeiros e do apreço emocional que lhes prodigalizaram os pais *boomers*. Todos julgam seu conteúdo importante – seja ele vídeo ou texto – e anseiam por interatividade, conexão e validação social. A popularidade das redes sociais deve-se, em grande parte, à necessidade dos *millenials* de sentirem-se conectados.

Cada nova geração requer estratégias de propaganda e mídia mais sofisticadas, mas a Geração Y é particularmente astuta. "Eles compreendem as coisas de saída", adverte Cie Nicholson, da PepsiCo. "E estão mais no comando, especialmente quando se trata do modo como observam e consomem mídia."

Ainda que a Geração Y possa sentir-se dotada de privilégios e direitos, ela é também um grupo que está atingindo a maturidade numa época de insegurança política e econômica. A verdade pura e simples é que, mesmo com décadas de experiência no contato com os consumidores jovens, talvez os profissionais de *marketing* não estejam preparados para o que lhes reserva a Geração Y. Trata-se dos primeiros consumidores cujos hábitos foram moldados pela mídia digital, estando "plugados" praticamente desde que nasceram – e não apenas ao computador e à Web, mas ao telefone celular, às redes sociais, às mensagens instantâneas e aos *videogames*. São assediados por mensagens de produtos num composto de mídia que se atualiza tão depressa quanto surgem novas tecnologias. Além disso, são compradores volúveis. Comunicações instantâneas, o uso constante de mídia e a exigência de individualização têm limitado consideravelmente o ciclo de vida de marcas populares dessa geração e as campanhas que as comercializam.

Venkatesh Kini, vice-presidente de *marketing* da Coca-Cola Índia, teve uma experiência direta promovendo o Sprite para a Geração Y, o mercado-alvo do refrigerante. Após ter experimentado diversas abordagens, ele encontrou uma mensagem cativante neste comentário espirituosamente cínico a respeito da superficialidade do endosso de celebridades: "Imagem não é nada. Sede é tudo. Obedeça a sua sede". O fundamental para a Geração Y, sugere Kini, é a capacidade de oferecer uma promessa cujo valor se possa comprovar rapidamente. "A Geração Y está crescendo numa era de satisfação instantânea, em que música, notícias e entretenimentos de toda espécie são disponibilizados quase gratuitamente, quase instantaneamente, e numa variedade ilimitada", acrescenta. "Isso leva a uma falta de paciência extrema com tudo que não contempla essa necessidade de satisfação imediata."

Para alcançar esse grupo, tampouco poderão os profissionais de *marketing* refinar técnicas tradicionais, como fizeram no passado. Chegando à maturidade na época mais obcecada por marcas da história, os membros da Geração Y esperam um afluxo constante de novas marcas e iterações de seus produtos favoritos, já que seus gostos e preferências não duram muito tempo. "No momento em que identificamos uma onda, ela já está indo embora", completa Kini.

Os *echo boomers* já mostraram quão rapidamente sua afinidade pela mídia digital pode servir como catalisador de categorias de comunicação inteiramente novas. Por exemplo, conforme pesquisa realizada pela National School Boards Association e pela Grunwald Associates LCC, 96% dos estudantes americanos na faixa dos 9 aos 17 anos conectados à Internet utilizam a tecnologia das redes sociais para comunicar-se com seus pares[7]. E isso levando em conta que o MySpace foi fundado em 2003 e o Facebook, em 2004.

Além de migrar rapidamente para novas plataformas de mídia como as redes sociais, a Geração Y também se notabiliza por transitar facilmente entre diversas plataformas. Como resultado, as estratégias mercadológicas voltadas a esse grupo devem ser cada vez mais entrelaçadas, a fim de que a propaganda feita em determinado canal alimente uma forma diferente de publicidade em outro. Assim é que, para promover seus últimos filmes, os estúdios cinematográficos enviam perguntas de *trivia* na forma de mensagens de texto. *Trailers*, entrevistas com atores, cenas cortadas e outros *previews* integram um rico *mix* promocional veiculado na Web.

Transformar a filosofia mercadológica de uma empresa para que atenda às necessidades de um grupo demográfico como a Geração Y representa um compromisso extraordinário, mas recompensador nas décadas futuras. Os profissionais de *marketing* que tentarem compreender agora os *echo boomers* terão vantagem sobre os concorrentes à medida que esse grupo for amadurecendo. Afinal, algumas das maiores marcas do mercado de hoje se vincularam aos *baby boomers* desde cedo e com eles seguiram até a meia-idade. A questão é: serão as marcas que cresceram com os *boomers* capazes de se reinventar para a Geração Y? Ou serão as grandes marcas do novo milênio nomes que a maioria de nós jamais ouviu?

Geração Z

A Geração Z é formada pelas crianças de hoje, nascidas na virada do século e depois. Atualmente com menos de 10 anos de idade, os membros da Geração Z estão crescendo em um mundo criado pelo restante de nós – mundo saturado de comunicação e conectividade contínua. De que modo essas crianças – plugadas globalmente em números recordes – reagirão a seu ambiente de mídia à medida que forem amadurecendo será uma importante questão demográfica para daqui a uma década ou mais. De uma coisa, no entanto, podemos estar certos: é pouco prudente fazer previsões sobre uma geração ainda na tenra idade.

Como mostra o Gráfico 2.3, a quantidade total de tempo que os consumidores gastam atualmente com os veículos de mídia digital supera o tempo que passam sentados no sofá vendo TV. É interessante notar que os hábitos de mídia entre as gerações não diferem tanto quanto se poderia imaginar. Se a Geração Y e os *millenials* surfaram na primeira onda da nova mídia, vale dizer que os *boomers* também estão passando um tempo significativo *on-line*. Sem falar nas gerações mais jovens, que estão gastando mais tempo ouvindo música, jogando *videogame* e enviando e recebendo mensagens instantâneas.

De fato, para os profissionais de *marketing* ainda há um bocado a aprender sobre o comportamento de cada segmento de consu-

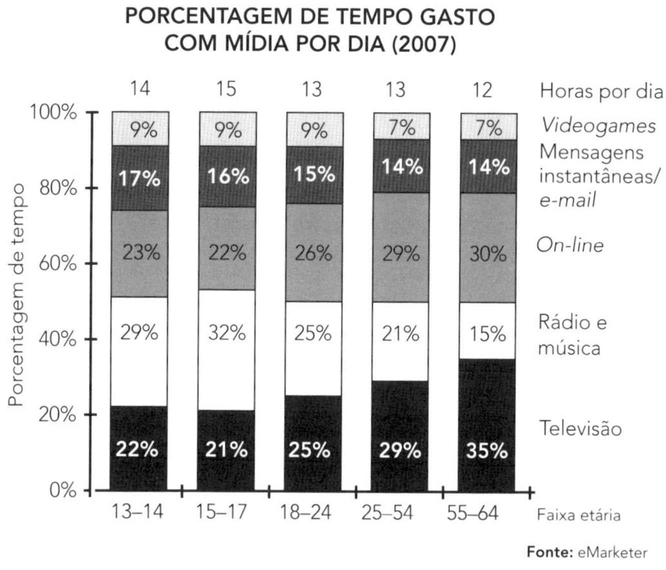

GRÁFICO 2.3 Tempo total gasto com mídia digital está superando o da televisão.

mo. Terão as gerações subsequentes, cada uma delas, suas próprias e exclusivas características? Ou será que a mudança para a Geração X e a Geração Y representa, no fundo, o limiar de um movimento em direção a uma sociedade digitalmente focada, com regras fundamentalmente novas para a mídia, o *marketing* e o varejo? Não troque de canal, como costumavam nos dizer as redes de TV: a crescente sofisticação com que analisamos os consumidores em tempo real sugere que haverá meios muito melhores de responder a essas questões num futuro não tão distante.

OS PRIMEIROS SINAIS DO CONSUMIDOR NO COMANDO

Ao fim e ao cabo, o ambiente de *marketing* dos dias de hoje será conhecido na história da publicidade como o período em que as práticas mercadológicas acertaram o passo com a realidade – isto é, em que os anunciantes começaram a reconhecer a supremacia do consumidor.

Estamos começando a ver evidências dessa transformação na maneira como são distribuídos os dólares da mídia. Após uma década de aumentos contínuos no orçamento da publicidade, mas de relativa estabilidade nos canais que a veiculam, muitos anunciantes importantes estão reequilibrando seu composto de mídia. Especificamente, estão direcionando mais dinheiro e mais atenção para a Internet e outros meios digitais. Os jornais e revistas estão perdendo publicidade para a Web; as rádios estão perdendo ouvintes, talentos e receitas para as *playlists* dos iPods e para o rádio por satélite. As redes de TV também preveem o pior, na medida em que a penetração da banda larga, dos jogos eletrônicos e dos conversores de última geração anuncia a ascensão do vídeo sob demanda, dos *downloads* de vídeos, das redes de jogos interativas, da TV via Internet, entre outras iniciativas desabonatórias às TVs aberta e a cabo.

À medida que os profissionais de *marketing* forem adquirindo mais experiência com a mídia digital e conhecendo melhor o que verdadeiramente repercute junto a seus consumidores-alvo, eles poderão moldar ainda melhor seus esforços publicitários, com uma sofisticação e precisão sempre renovadas. Assim é que a Unilever, por exemplo, tirou proveito da popularidade de Evan e Garth, dois personagens que criou para promover seu desodorante Axe, expandindo a presença que mantinha na Internet desde os seus primórdios a fim de abarcar os *videogames*, os aparelhos móveis e a televisão. Em 2007, ao divulgar uma nova fragrância de seu desodorante Axe, a empresa aproveitou para apresentar seus rapazes às quatro novas e atraentes porta-vozes da marca, as Bom Chicka Wah Wahs. E o fez partindo de uma experiência digital hospedada num *website* que, entre outras coisas, disponibilizava *ringtones*, um falso "rockumentário" sobre o *girl group*, fotos, elementos virais de apoio a blogs e outros conteúdos gerados por usuários, músicas para *donwload* e até mesmo um videoclipe da banda, transmitido pela MTV.

De onde terá nascido essa espécie de *marketing*? "Procuramos estar o mais perto que podemos do consumidor", afirma Kevin George, vice-presidente da divisão de desodorantes da Unilever nos Estados Unidos. "Há três anos trocamos o 'espelho bidirecional' pela etnografia na geração de *insights*. Observar o que os consumidores fazem realmente – em vez do que dizem – representou uma enorme diferença. Conversar com eles sobre outras coisas que não o produto e a marca proporciona uma compreensão muito mais profunda de quem são e do que os motiva."[8]

O compromisso da Unilever em estabelecer uma conexão entre os *insights* sobre o consumidor e suas inovações publicitárias parece estar rendendo dividendos. Hoje, a empresa comanda uma participação de 80% no mercado americano de desodorantes masculinos.

Além de produzir sua própria programação e projetar seus ambientes Web, profissionais de *marketing* perspicazes identi-

ESTA BUD É PARA OS DIGITAIS

Certas lições do futuro da propaganda não serão fáceis de aprender. Em 2007, a Anheuser-Busch (AB) serviu-se do Super Bowl como plataforma de lançamento da Bud.tv, seu ambicioso site de entretenimento digital. O raciocínio era consistente: a audiência-alvo da AB, jovens "multitarefa" entre 21 e 29 anos, estava trocando a TV, exceção feita às transmissões de esportes ao vivo, pelos *videogames*, DVDs, iTunes e similares. Com novas tecnologias e opções de entretenimento proliferando, pairava uma dúvida quanto ao valor dos comerciais de 30 segundos. Além disso, havia o sentimento de que a AB precisava urgentemente aprender as novas regras da mídia digital depressa e em primeira mão.

A Bud.tv era verdadeiramente uma resposta agressiva a essa situação. Fora criada para ser uma rede de entretenimento digital, com conteúdos de humor, música e esportes controlados e programados pela AB. Os elementos criativos não eram concebidos para enfocar exclusivamente a cerveja, mas sim, o estilo de vida de sua audiência-alvo. No final, a AB esperava construir para a Bud.tv uma audiência de dois a três milhões de visitantes por mês[9].

Apesar de um investimento inicial girando entre US$ 20 e US$ 30 milhões, a Bud.tv não foi o sucesso comercial que a AB havia antecipado[10]. Na verdade, quando de seu lançamento, em fevereiro de 2007, a rede não conseguiu atrair mais que 200 a 300 mil visitantes mensais, sendo que esses números logo despencariam para 150 mil – cifra que seguramente não saciava a sede digital da Anheuser-Busch.

O que terá acontecido? Em primeiro lugar, a exigência de que os visitantes tivessem no mínimo 21 anos impedia que muitos dos mais interessados acessassem a Bud.tv. Por tentativa e erro, a AB também veio a saber que, embora o formato sucinto de seu conteúdo digital fosse atraente para estabelecer uma comunicação direta com o público masculino jovem, a estratégia de direcioná-los ao próprio *site* da empresa não estava funcionando.

Para atingir seus consumidores, a cervejaria precisava ir até onde houvesse um grande número de homens jovens – e com um conteúdo ousado que pudesse ser acessado e compartilhado facilmente. Isso levou a AB ao YouTube, onde o "Swear Jar", seu apimentado comercial de 60 segundos – considerado picante demais para o Super Bowl de 2007 –, logo obteve mais de três milhões de acessos.

Desde então, a AB comprometeu-se com a Bud.tv publicamente (se bem que não de todo o coração) até, no mínimo, o final de 2008. "Acho que [a Bud.tv] é algo que pode terminar um dia", revelou Tony Ponturo, vice-presidente da divisão global de mídia e *marketing* de entretenimento/esportes da empresa, "mas acho também que, se continuarmos aprendendo com ela e obtendo dividendos, então faz sentido seguir com o *site*... Temos de fazer com que ele continue evoluindo. Precisamos trabalhar melhor para conseguir tráfego e conteúdo relacionável. Também estamos tentando encontrar maneiras de criar um diálogo com o consumidor, para que haja possibilidade de *chats* e textos. Precisamos desenvolver um pouco mais essa plataforma."[11]

E a Bud.tv estará longe de ser o único esforço *on-line* permanente da AB. Em 2008, a empresa planejava investir em mídia *on-line* cerca de 10 a 15% de seus estimados US$ 500 milhões de orçamento de mídia[12].

ficarão também a necessidade de comando dos consumidores encontrando maneiras de tornar a publicidade e a programação mais interativas. Isso significa mais do que recursos como "aperte o controle remoto" ou a capacidade de navegar ou pesquisar. "Os consumidores estão nos dizendo que querem estar no comando das histórias", afirma Beth Comstock, presidente de mídia integrada da NBC Universal. "E, como parte desse desejo, eles querem envolver-se com a publicidade de maneiras diferentes. Haverá vezes em que o velho tipo de experiência passiva ficará bem. Mas cada vez mais os consumidores querem filtrar, querem agir, querem fazer parte da experiência. Precisamos ficar espertos quanto a isso".

Foi justamente o que fez a PepsiCo, numa campanha iniciada em 2007. "Lançamos o MDX, um refrigerante carbonatado com credenciais energéticas", explica Cie Nicholson, da Pepsi North America. "Para promovê-lo, lançamos a campanha 'Stay Sharp' (fique esperto), que questionava os consumidores quanto à sua agilidade. Mostramos a eles um vídeo de usuários retirado do YouTube e em seguida lhes perguntávamos o que haviam visto. Num comercial muito bacana, um sujeito está sentado enquanto tudo muda ao seu redor. Ele está feliz, está triste, está comendo pizza, está bebendo. No final, o comercial pergunta: 'Quantas fatias de pizza ele comeu?' E você não tem a mínima ideia, mas pode ir até a Internet para descobrir. Em outro comercial, mostramos duas figuras de *claymation** dançando, uma das quais é um policial. No fim, perguntamos quantas pontas havia no distintivo dele. Esse também é um conteúdo gerado por usuários. Estamos usando vídeos que as pessoas colocaram *on-line*. Decidimos o que vamos usar; assim, transferimos o comando criativo de uma maneira que nos deixa confortáveis."

A experiência da Pepsi contradiz a sabedoria mercadológica convencional. É notável a persistência com que certos profissionais de *marketing* denegriram a ideia de que os consumidores desejam maior interação com seu ambiente de informações e entretenimento e de que pagarão mais por esse privilégio. Tal ceticismo data de meados da década de 1990, quando diversas experiências de TV interativa de grande notoriedade, desde o Full Service Network da Time Warner à WebTV da Microsoft, essencialmente fracassaram. Revolucionários digitais moderados restabeleceram uma visão da televisão vagamente derivada de Marshall McLuhan, que a avaliava como um meio "frio" para "espectadores passivos" que preferiam a "programação menos censurável" (a última frase

* N. de R.T.: Técnica de animação com massa de modelar ou argila.

foi cunhada pelo programador da NBC Paul Klein nos anos 1970). A televisão, como muitos acreditavam, permaneceria eternamente diferente – no projeto, no uso e na localização – do computador.

Experiências de mídia mais recentes sugerem, no entanto, que a ideia da passividade do espectador é puro mito. Elementos interativos presentes em programas de TV como o *Dança dos Famosos* (*Dancing with the Stars*) e o *Monday Night Football* estão mudando os padrões de uso dos consumidores. Cada vez mais as salas de estar e os gabinetes de leitura têm um computador instalado ao lado do aparelho de TV, ambos conectados por banda larga. De acordo com a empresa de pesquisa de *marketing* BIGresearch, cerca de 7 entre 10 usuários *on-line* revelaram assistir à TV enquanto navegam na Internet[13]. Tal fenômeno, evidentemente, é uma faca de dois gumes para as empresas de mídia e seus anunciantes – ao mesmo tempo em que transforma os consumidores em alvo móvel, potencialmente esquivo, ele também abre caminho para uma criativa e atraente interação entre a TV e a mídia *on-line*.

De fato, a conexão da TV à Web poderá converter-se na maior fonte de valor agregado para a publicidade televisiva. A campanha promocional do *roadster** Solstice 2006, da Pontiac, nos dá um exemplo consistente desse potencial. Em um episódio do *reality show O Aprendiz* (*The Apprentice*), de Donald Trump, equipes de participantes eram desafiadas a elaborar um folheto para promover o lançamento do conversível. Nos intervalos do episódio, a NBC veiculou um comercial de 60 segundos em que anunciava o Solstice, incentivando os telespectadores interessados a procurar mais informações sobre o veículo em um *website* específico do programa, onde poderiam registrar-se e pré-encomendar uma versão exclusiva do novo carro. Apenas 15 minutos depois de o comercial ir ao ar, o tráfego do *site* cresceu cerca de 1.400%. E, durante a semana em que foi transmitido o episódio de *O Apren-*

---

* N. de T.: Automóvel de passeio conversível para duas pessoas.

diz com o comercial do Solstice, as buscas por "Pontiac Solstice" e "Pontiac" aumentaram 190 e 369%, respectivamente[14]. Como resultado, não só a Pontiac vendeu mil exemplares da versão especial do Solstice, como essa conexão TV-Web gerou outros milhares de compradores de seus modelos regulares[15].

O drástico crescimento dos conteúdos de mídia gerados por usuários é outro argumento contundente contra a passividade do consumidor. Uma vez que o custo da produção e distribuição de conteúdos criativos continua a cair, tanto adultos quanto crianças estão se lançando nessa brincadeira produtiva, moldando *playlists*, periódicos *on-line*, gravações musicais originais e filmes, além de *websites* cuidadosamente personalizados. Hoje, cerca de 12 milhões de americanos mantêm seus próprios blogs. Em janeiro de 2008, o Facebook, a autoproclamada "ferramenta social que o conecta a pessoas do mundo inteiro", informou ter mais de 61 milhões de usuários ativos e que, de janeiro de 2007 para cá, vem acumulando uma média de 250 mil novos registros por dia. Em apenas dois anos, o *site* de relacionamento MySpace mais que duplicou, enquanto os portais *on-line* tiveram um crescimento mais discreto (ver Gráfico 2.4). O *site* de compras eBay – criado pelos próprios consumidores cujo conteúdo consiste em várias informações sobre vendas – conta com aproximadamente 79 milhões de usuários que visitam seus "bazares" eletrônicos a cada mês. Por fim, dados da ComScore de novembro de 2007 indicam que o YouTube, do Google, possui 74,5 milhões de visitantes e veicula mensalmente 2,9 bilhões de vídeos sob demanda, ou 39 vídeos por visitante – muitos dos quais produzidos pelos consumidores, e não por profissionais.

A crescente popularidade dos jogos *on-line* para múltiplos jogadores e dos mundos virtuais contribui ainda mais para dinamitar a noção de passividade do consumidor. No jogo de fantasia "World of Warcraft", criado em 1994, os jogadores se juntam a uma das duas hordas que se digladiam em um mundo de grande realismo

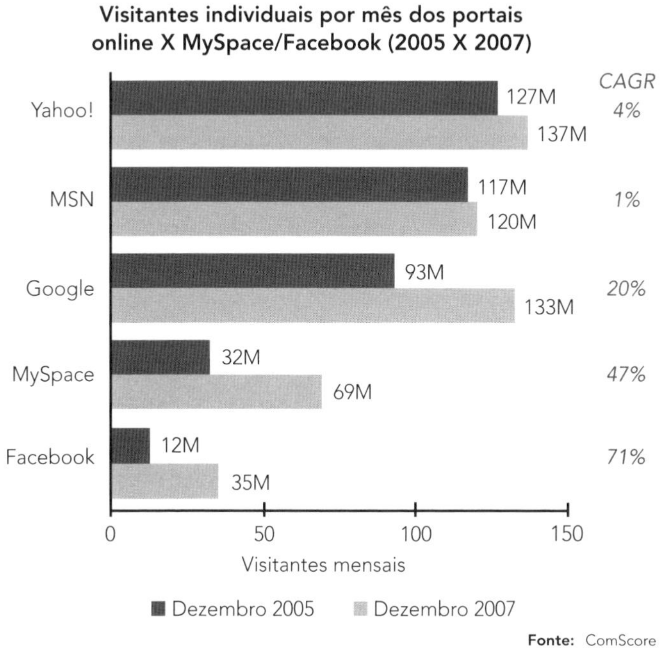

GRÁFICO 2.4 A influência das redes sociais.

visual, habitado por seres humanos, *orcs**, elfos e anões, cada um dos quais com a capacidade de se comunicar, adquirir habilidades, lutar, comprar suprimentos e aprender regida por leis rigorosamente definidas. Até julho de 2007, a base de assinantes do "World of Craft" alcançara 9 milhões de pessoas do mundo inteiro. Já o Second Life, mundo virtual lançado em 2003, é famoso por possuir sua própria moeda e uma estrutura semelhante à de uma comunidade, e, em que pese não haver estatísticas confiáveis quanto a seu uso ativo, até 2007 o ambiente virtual registrava mais de 8 milhões

* N. de T.: Espécie de monstros míticos.

de membros. O Habbo, mundo virtual criado em 2000 pela empresa finlandesa Sulake, informou contar com cerca de 76 milhões de avatares espalhados em 22 países.

Esses mundos virtuais, que combinam elementos de redes sociais e *videogames*, já estão demonstrando qual será o impacto real das novas formas de comportamento de consumo no futuro da propaganda e do *marketing*. Empresas de destaque, incluindo PepsiCo, Starwood, Toyota, Adidas, IBM, Coca-Cola, Dell e Sun Microsystems, têm experimentado sistematicamente esse novo meio; no Second Life, por exemplo, elas criaram revendas, hotéis e outros serviços. Ao fazê-lo, estão seguindo o rastro de alguns dos seus principais alvos mercadológicos – os principais agentes de influência e os adotantes iniciais que migraram para essas ofertas de vanguarda. Mas talvez mais importante seja o fato de estarem se preparando para o possível movimento migratório dos consumidores de amanhã. Em 2007, conforme dados divulgados pelo *e-marketer*, 24% dos 34,3 milhões de internautas americanos entre 3 e 17 anos visitavam mundos virtuais uma vez ao mês. O *site* prevê que até 2010 essa cifra dobre para perto de 50%[16].

Mas será que compromissos virtuais se concretizam *off-line*? Será que o consumidor que customiza um Scion no mundo virtual termina num *showroom* real da Toyota? No momento, ninguém sabe ao certo. Em todo caso, a promessa de *profundos insights* sobre o consumidor, não filtrados, já é uma promessa intrigante do futuro virtual. O Habbo, por exemplo, já percebeu que os hábitos *on-line* de sua base de usuários predominantemente adolescente podem ser convertidos em uma rica fonte de dados e *insights* relativos aos interesses dessa audiência – especificamente, que marcas preferem, como gastam seu tempo e seu dinheiro e o que recomendam aos amigos. Com esse recurso nas mãos, o Habbo vem estudando seus usuários sistematicamente e vendendo o que aprende às corporações interessadas.

O crescimento do foco no consumidor gerou preocupações sobre privacidade no passado e gerará muitas mais no futuro.

Imagina-se que a Geração Z vá reagir contra ser objeto de "mineração de dados" com vigor suficiente para chamar a atenção dos profissionais de *marketing*; o mais provável é que daqui a alguns anos os novos métodos de rastreamento dos interesses e comportamentos dos consumidores serão tão corriqueiros que ninguém os notará. O resultado mais visível disso será a relevância: quanto maior e mais profunda a compreensão dos consumidores pelos profissionais de *marketing*, mais significativa e relevante será a propaganda.

Até aqui, pelo menos, as pessoas parecem interessadas em que a propaganda seja mais relevante para elas. Tanto assim que 55% dos respondentes de um estudo da Yankelovich admitiram que pagariam mais por um *marketing* mais personalizado. Outros estudos confirmam ser a Internet um meio cada vez mais importante para a obtenção de informações pré-compra – particularmente em categorias como cuidados de saúde e automóveis, a respeito das quais os consumidores costumavam obter informações primeiramente a partir de mídias unidirecionais, como as revistas. Nos dias de hoje, é bem possível que um anúncio *on-line* contextualmente relevante e direcionado tenha mais impacto que um vistoso artigo de revista ou um engenhoso comercial de TV.

Seja qual for o meio, os consumidores sempre ligados não podem ser intimidados, conquistados ou tratados como mercadoria. É preciso atraí-los, obter seu engajamento pela clareza, e os profissionais de *marketing*, as empresas de comunicação e as agências de propaganda necessitam desenvolver a capacidade de descobrir exatamente o que os entusiasma e o que os aborrece. Nesse ambiente controlado pelo consumidor, o único caminho para chegar às pessoas é criar uma ligação incontestável entre os atributos distintivos de uma marca e a vida dos consumidores. De certa forma, isso é o que tem contribuído para o grande *marketing* desde a aurora da moderna publicidade.

Talvez chegue o tempo em que cada grande empresa terá seu próprio *site* para opiniões de clientes, onde estes trocarão informações sobre determinado produto ou serviço que mais lhes convenha. Se isso acontecer, a lealdade à marca não será apenas uma questão de os consumidores continuarem comprando os produtos e os recomendando a outras pessoas, mas de acharem simples e fácil contribuir com a propaganda da empresa e usar essa contribuição como forma de autoexpressão. Assim como a Microsoft, que depende de voluntários aficionados nos seus fóruns de suporte técnico *on-line*, mais e mais empresas dependerão de seus "*prosumers*" ou "advogados da marca" para ajudar outros consumidores a navegar entre as complexidades de suas ofertas. Caso não haja um número suficiente de consumidores dispostos a fazê-lo, isso por si só será visto como uma condenação da qualidade dos produtos da empresa.

Em todo caso, a possibilidade de se beneficiar da participação direta dos consumidores será a recompensa final do compromisso com um foco mercadológico no consumidor. E, em última análise, tal participação será parte fundamental dos esforços de *marketing* de toda empresa que trabalhe duro, com inteligência, e que jogue para vencer. Com efeito, o foco no consumidor influenciará praticamente todos os aspectos das empresas bem-sucedidas – a pesquisa, o desenvolvimento de produto, a gestão da cadeia de suprimentos, as vendas e, por fim, a propaganda.

Sobretudo agora que os consumidores estão sempre ligados.

REFERÊNCIAS

- *CMO Thought Leaders: The Rise of the Strategic Marketer.* strategy + business Books, 2007, http://www.strategy-business.com.
- Landry, Ed, Chris Vollmer e Carolyn Ude, "HD Marketing 210: Shaping the Conversation", Booz & Company, Inc., October 2007.
- "How Marketers Hone Their Aim Online", *Wall Street Journal*, July 19, 2007.
- National School Boards Association (NSBA) e Grunwald Associates LLC, *Creating and Connecting Research and Guidelines on Onlines Social and Educational Networking*, August 2007.
- Foehr, Ulla G., *Media Multitasking among American Youth: Prevalence, Predictors and Paintings*, Kaiser Foundation, December 2006.
- **Para mais recursos e informações atualizadas, visite www.businessfuture.com.**

3

MOTIM NA MÍDIA

Foi em maio de 2002, nos instantes que precederam o início do seminário com café da manhã para líderes de comunicação e *marketing* que aconteceria no Paley Center for Media (na época Museum of Television and Radio). Baseada em Nova York, essa instituição é dedicada à história da televisão – e história era algo que estava pesando nas mentes dos participantes; ao menos era o que parecia indicar as conversas dos convidados que chegavam.

Na ocasião, as maiores redes de TV dos Estados Unidos estavam prestes a abrir seu "*upfront market*", o intenso período durante o qual negociam preços e vendem o grosso de seu espaço publicitário para a temporada de outono. Embora as redes tivessem enfrentado duas décadas de audiência declinante, os preços desses espaços seguiram crescendo praticamente sem cessar, e outro aumento estava por vir. Um pequeno grupo de executivos e consultores reunidos num canto da sala indagava-se como isso era possível.

"Pergunte a *ele*", disse um membro do grupo, apontando para o "Sr. X", o executivo-chefe de uma grande empresa de TV, que se aproximara furtivamente e ouvia a conversa com certo divertimento. "Ora, é simplesmente a lei da oferta e da procura", respondeu o Sr. X. "Os grandes anunciantes precisam chegar às audiências de massa, e somos a única alternativa disponível. Eles têm a procura. Nós, a oferta. E, como acontece com qualquer produto, quanto mais difícil de encontrar a oferta, mais se pode cobrar por ela."

Era compreensível a complacência do Sr. X. Afinal de contas, em seu mundo a distribuição de mídia era limitada. Com o programador/editor no comando, poucas alternativas restavam aos anunciantes além do programa de TV em horário nobre, do anúncio de revista com quatro páginas coloridas ou da inserção em jornais, para alcançar as audiências de massa. E por mais que ano após ano sábios e autoridades no assunto previssem mudanças radicais – a convergência das mídias analógica e digital, a erosão das audiências de massa e a reestruturação das indústrias da mídia e da publicidade –, ano após ano as práticas permaneciam estáticas, até mesmo estagnadas, com o padrão geral dos investimentos em *marketing* mal saindo do lugar.

Entretanto, a complacência do Sr. X estava prestes a sofrer um abalo. Ao cabo de poucos anos, em meados dos anos 2000, as plataformas de mídia concorrentes seriam dinamitadas, mudando irrevogavelmente o modo de os consumidores absorverem o entretenimento e a informação – e de perceberem e se envolverem com as marcas. Por sua vez, os profissionais de *marketing* alteraram fundamentalmente sua visão de onde e como comunicar-se com os consumidores, tendo posteriormente remodelado o ambiente de mídia.

Senão, vejamos:

- A Volvo lançou seu *sedan* S60 mediante campanha de US$ 10 milhões conduzida exclusivamente *on-line*.
- A Absolut Vodka e a Ford gastaram, cada uma, 20% de seu dispêndio total de *marketing* com canais *on-line*.

- A divisão de veículos usados da GM Certified está alocando 85% de sua verba publicitária à mídia *on-line*.
- A Microfost informa que até 2010 o grosso de seu orçamento anual com publicidade, US$ 1 bilhão, "migrará para o digital".
- A Pfizer está atuando em parceria com a Sermo, uma rede social *on-line* formada por médicos autorizados, no intuito de se comunicar diretamente com os 31 mil membros do *site*.
- O Advertising.com, uma rede de publicidade composta por milhares de *websites*, atinge mensalmente um número maior de aficionados de esportes *on-line* do que os principais portais de marca, como a ESPN e a Fox Sports.

E quanto ao Sr. X, outrora tão confiante de ser a única alternativa disponível? Bem, o Sr. X perdeu o emprego poucos anos depois e hoje, ironicamente, é diretor de uma empresa de mídia digital.

A ATENÇÃO DO CONSUMIDOR SE DIVIDE

A reviravolta verificada na mídia é muito mais profunda do que qualquer série de indicadores – ou mudanças de emprego – poderia sugerir. A audiência de muitos canais de mídia tradicionais permanece estagnada e, em muitos casos, encontra-se em declínio. Plataformas de mídia digital, como a banda larga, os *videogames* e os aparelhos portáteis, estão atingindo massa crítica e atraindo uma audiência própria numerosa e leal (ver Gráfico 3.1). Com efeito, os consumidores, executivos de comunicação e anunciantes estão diante de um composto de mídia e opções de entretenimento em constante expansão.

A má notícia para os profissionais de *marketing* e os veículos de comunicação é que, já não estando os consumidores concentrados em apenas alguns poucos setores de mídia, encontrá-los tornou-se mais difícil. A boa notícia é que muitas das novas plata-

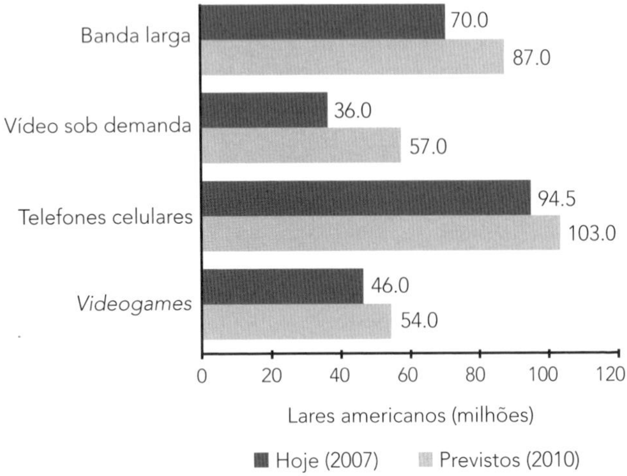

Nota: Números previstos

Fonte: eMarketer, Forrester, Nielsen Media Research, PWC, Booz Allen Hamilton Analysis

GRÁFICO 3.1 Crescimento de plataformas atinge massa crítica.

formas de mídia são altamente interativas, gerando oportunidades de trocas bilaterais com potencial para maior segmentação, relevância e engajamento.

O incremento das opções de mídia levou à natural fragmentação da audiência. Em 1985, um lar americano típico recebia 19 canais de televisão. Passados 10 anos, esse número mais que dobrara, chegando a 41. Em 2005, subira para 96. Tal impacto sobre as audiências foi destacado num recente estudo sobre a TV britânica. Nele constata-se que, em 1999, 153 programas televisivos ostentavam uma audiência de 15 milhões de telespectadores ou mais. Em 2004, esse número caíra para apenas quatro[1]. Em 2007, não havia sequer um único programa britânico com tal audiência. O desafio da fragmentação é igualmente impressionante no ambiente *on-line*. De 2000 a 2006, o número de *websites* pulou de cerca de 16 milhões para 62 milhões – com grande parte do crescimento recente impulsionado por *sites* com um milhão ou menos de visitantes por mês. Os maiores portais eletrônicos, entre os quais o Yahoo!, o MSN e o Google, captam 60% de toda a publicidade *on-line*, mas apenas 25% do total de páginas visitadas (*page views*). Na verdade, cerca de 50% de todo o tráfego *on-line* atual é registrado em *sites* com audiências relativamente pequenas: um milhão ou menos de visitantes por mês.

Essa fragmentação das audiências *on-line* desovou novos concorrentes para os principais portais e empresas de mídia. Tais concorrentes são as redes de publicidade. Representando vários *sites* menores, elas agregam oportunidades de colocação de anúncios e as vendem aos anunciantes. Muitos *sites* menores vendem todo o seu espaço de publicidade por intermédio dessas redes, e a maioria das grandes provedoras de conteúdo recorre a elas para desfazer-se de seus espaços remanescentes. Assim é que algumas dessas redes de publicidade angariaram vultosas audiências: ValueClick, Tribal Fusion, Specific Media, Casale Media Network e Traffic Marketplace figuram no rol do 20 maiores portais da Web, com mais de 100 milhões de visitantes individuais a cada mês[2].

O sucesso das redes de publicidade resulta, ao menos em parte, do fato de os anunciantes necessitarem de audiências que sejam ao mesmo tempo amplas *e* segmentadas. Elas tornam mais fácil para eles comprar anúncios e colocá-los onde os consumidores estejam predispostos a querê-los. E os anunciantes, por sua vez, beneficiam-se da eficiência inerente à possibilidade de adquirir espaço em diversos *sites* de uma só vez e a preços fixados por volume. Mas também os *sites* e as provedoras de conteúdo menores beneficiam-se economicamente: mediante a elaboração de pacotes, as redes publicitárias lhes proporcionam uma escala que sozinhos jamais alcançariam. E, à medida que essas redes aprimorem sua capacidade de segmentar audiências, é bem provável que sua participação sobre a publicidade *on-line* continue a crescer. Eis um dos principais motivos pelos quais empresas de sucesso nesse espaço, como a Advertising.com, a Tacoda, a Blue Lithium, a aQuantive (DriverPM) e a 24/7 Real Media, foram adquiridas por portais como AOL, Yahoo!, Microsoft e WPP.

HORÁRIO NOBRE NO CORREDOR TRÊS*

A explosão das opções de mídia não se restringe às plataformas tradicional e digital. Ela abrange também o ponto de venda no varejo.

Com efeito, os pontos de venda constituem um território de publicidade extremamente valioso. Para se ter uma ideia, quase 70% das decisões de compra dos consumidores são tomadas junto às prateleiras – 53% das quais por impulso[3]. Além disso, cada vez mais os anunciantes estão vendo no ambiente de loja um local para reforçar mensagens publicitárias transmitidas por outras mídias. Tanto mais porque o ambiente varejista se conserva comparativamente "livre" de publicidade, o que lhes possibilita comunicar suas mensagens sem ter difusa a atenção da audiência, algo inevitável com a televisão, o impresso e a mídia *on-line* consumidos em casa.

O resultado: um *boom* no *shopper marketing* – definido comumente como mídia *in-store*, promoção de consumo e comércio, amostra de produtos e *displays* customizados, tudo direcionado ao consumidor que está escolhendo um produto na prateleira. A expectativa, segundo estudo realizado pela Grocery Manufacturers Association e pela Deloitte & Touche, é de que até 2010 o *shopper marketing* cresça a uma taxa anual de 21%. Em outras palavras,

* N. de T.: Trocadilho provavelmente aludindo à célebre frase com que o sarcástico dr. House, protagonista do seriado de TV homônimo, se dirige às enfermeiras quando, num dos episódios, um paciente cai desmaiado em pleno corredor: "Limpeza no corredor três!" ("*Clean-up on aisle three!*"). Aqui, o corredor em questão é o do supermercado.

trata-se de uma das plataformas de publicidade de mais rápida expansão, só ficando atrás da Internet[4].

As empresas de comunicação sempre ansiaram por encontrar oportunidades de obter uma fatia dessa verba de *marketing* "*below-the-line*". E com o orçamento tradicional da propaganda crescendo em dígitos simples, algumas dessas empresas estão vendo no *shopper marketing* – em especial a mídia *in-store*, que leva a publicidade baseada em vídeo até o ponto de venda – uma porta de entrada tentadora.

A mídia *in-store* bem poderia revigorar o ambiente varejista. O uso até mesmo dos tipos mais básicos de publicidade por canais de TV *in-store* proporciona um aumento estimado nas vendas de 15 a 60%, dependendo da loja, da temporada e do produto. E, à medida que a programação e aferição da mídia *in-store* se tornem mais sofisticadas, sua importância nos compostos de mídia e *marketing* tende, como no caso das redes de publicidade, a crescer significativamente.

TRADICIONALMENTE, a verba de *marketing* tem sido repartida entre os componentes *below-the-line* (abaixo-da-linha) e *above-the-line* (acima-da-linha). A verba "acima-da-linha" refere-se aos custos associados à propaganda veiculada em canais de mídia convencionais, como jornais, revistas, rádio e TV. A verba "*below-the-line*" envolve as demais atividades de mídia e promoção, incluindo promoções de consumo e comércio, *marketing* boca a boca, *marketing* direto, RP, patrocínios, *sites* de empresas, *marketing* de eventos e ações em ponto de venda.

Sem dúvida, esse é um meio ainda considerado experimental: reponde por uma pequena parcela da verba disponível dos anunciantes e não ocupa um lugar fixo no grosso de seus orçamentos anuais. A rigor, o investimento anual dos anunciantes nas redes de mídia *in-store* não passa de US$ 330 milhões – montante modesto comparado aos US$ 75 bilhões destinados à publicidade veiculada nas TVs aberta e a cabo. A falta de métricas confiáveis também retardou seus índices de adoção. E, para rematar, seu conteúdo de vídeo, em termos de valor e criatividade de produção, ainda não igualou o potencial desse meio.

Não obstante, o apelo sensato da mídia *in-store* é suficientemente forte para a pergunta relativa a seu amadurecimento começar por *quando*, e não *se*. Algumas das maiores entidades de pesquisa, entre elas Nielsen, TNS e Arbitron, investiram no desenvolvimento de novas métricas de apoio a suas análises da mídia *in-store*. Além disso, grandes veículos de comunicação, como a CBS (com sua aquisição da SignStorey) e a NBC-Universal (mediante parceria firmada com a PRN para venda de publicidade), já se posicionaram para participar da nova plataforma. Considerando-se o aprimoramento das métricas, a criação de uma programação mais atraente e a inovação nas vendas de publicidade que esses *players* trarão, é seguro apostar que os gastos dos anunciantes com mídia *in-store* irão crescer. O indicador mais convincente desse incremento futuro talvez esteja no crescente interesse pela mídia *in-store* no setor de bens de consumo. Segundo estudo de 2007 conduzido pela Booz Allen em parceria com a Demand Tec e a Trade Promotion Management Association, 46% das empresas de bens de consumo planejam incrementar seus investimentos em mídia *in-store* nos próximos dois anos.

MUDAM OS GASTOS COM PUBLICIDADE

No dia em que for escrita a história do *marketing* nos primórdios do século XXI, provavelmente ela será vista como a época em que o *mix* mercadológico se pôs em dia com o comportamento do consumidor. Após uma década de aumentos regulares nas

MÍDIA IN-STORE: EM BREVE NUMA PRATELEIRA PERTO DE VOCÊ

O potencial da mídia *in-store* é mais bem ilustrado pelo principal *player* do setor, a Premier Retail Networks (PRN). Uma divisão da Thomson Media baseada em San Francisco, a PRN dispõe de sistemas de TV interna instalados em mais de 6 mil lojas e opera a TV Wal-Mart, a maior rede de mídia *in-store* dos Estados Unidos. Com mais de 125 mil televisores espalhados por cerca de 3.150 estabelecimentos, a própria Wal-Mart oferece aos anunciantes uma audiência potencial de 130 milhões de compradores a cada quatro semanas. A PRN serve também a Cotsco, Sam's Club, Best Buy e Circuit City.

Embora a PRN seja o maior operador de mídia *in-store* do país, outras empresas também construíram redes significativas. A Target conta com o Channel Red, a primeira rede *in-store* de propriedade de um varejista, que abarca toda a sua cadeia. Em 2007, a CBS adquiriu a SignStorey, fornecedora de redes de mídia *in-store* para varejistas do segmento alimentar que operam em 1.300 cadeias e cujos clientes incluem a Super Value, a Pathmark, a ShopRite e a Price Chopper. Desde então, a CBS tem atuado sob a nova marca CBS Outernet.

Enquanto a lista de concorrentes da mídia *on-line* continua a crescer, a gigante do varejo de Bentonville completa 10 anos no negócio de rede fechada, mais tempo que qualquer um deles. Uma década atrás, a programação dos televisores internos da Wal-Mart consistia de um *loop* que exibia as mesmas atrações em cada uma das lojas da rede. Como ninguém sabia ao certo como usar o vídeo no ambiente de varejo, as telas eram dispostas no alto dos corredores – perto o bastante para ser intrusivas, mas longe demais para que a informação transmitida se fundisse à experiência de compra.

Hoje, com a tecnologia de transmissão conduzida por satélite, a Wal-Mart pode comunicar mensagens diferentes para diferentes departamentos. E em breve um novo modelo de distribuição baseado na Internet viabilizará à varejista implementar uma programação diferente para cada televisor nos departamentos. Mas há ainda outros aperfeiçoamentos que merecem destaque. O volume sonoro dos aparelhos, por exemplo, agora é ajustado automaticamente para refletir os padrões de tráfego do comprador.

Os atuais monitores de tela plana da PRN veiculam tanto anúncios pagos quanto notícias, previsão do tempo e programas de entretenimento. Neles os compradores podem assistir a um infomercial patrocinado pela Listerine, ou a uma demonstração de como o antisséptico bucal Agent CoolBlue, para uso antes da escovação, identifica a placa dentária tornando-a azul. Podem ver também funcionários da Wal-Mart, patrocinados pelo sabonete Dove, conversarem sobre saúde e bem-estar, assim como o programa da Nickelodeon "Kid's Choice Awards", adaptado para exibição nos corredores das crianças – junto com mensagens de patrocinadores.

verbas destinadas ao *marketing*, mas de relativa estabilidade nas escolhas de mídia, muitos dos principais anunciantes do mercado – Anheuser-Busch, Procter & Gamble e Johnson & Johnson, para citar apenas alguns – trataram de reavaliar seu conjunto de canais de comunicação. Hoje essas empresas estão direcionando mais dinheiro e atenção à mídia digital, bem como a uma ampla variedade de serviços e ofertas de mídia "*below-the-line*", como *shopper marketing*, relações públicas, *marketing* direto e *marketing* de eventos.

Os índices de crescimento das despesas de *marketing* tornam essa mudança bastante evidente. Entre 2004 e 2006, a verba "*above-the-line*" destinada à mídia tradicional cresceu em torno de 1,7% ao ano. Em contrapartida, no mesmo período o orçamento "*below-the-line*" cresceu 6% ao ano, enquanto a propaganda por Internet registrou um aumento de 26,5%.

A mudança nas prioridades publicitárias dos anunciantes é igualmente visível nas receitas das empresas de comunicação.

Conforme análise de 19 grandes empresas de comunicação publicada pelo *Silver Valley Insider*, as receitas publicitárias do segundo trimestre de 2006 até o mesmo período em 2007 nas maiores empresas de mídia digital – Google, Microsoft, Yahoo! e AOL, especificamente – cresceram cerca de US$ 866 milhões, ou 26%. Na comparação, os jornais e revistas tiveram queda de US$ 170 milhões, ou 5%; o rádio encolheu US$ 90 milhões, ou 5%; enquanto a televisão (aberta e a cabo) registrou um incremento de US$ 220 milhões, ou 3%, obtido quase inteiramente nas costas do alto desempenho – na marca de um dígito – da TV a cabo. Em um ambiente caracterizado pelo fato de muitos dos tradicionais veículos de comunicação estarem perdendo participação para a mídia digital, apenas a mídia *externa*, com seu distinto posicionamento "fora do lar" *(out-of-home)*, alcançou um saudável crescimento de dois dígitos, chegando a 13%.

Essa mudança fundamental nos gastos está apenas no começo. Observe, por exemplo, o atual descompasso na despesa publicitária do setor automotivo. Hoje, as montadoras destinam 50% de sua verba de *marketing* à televisão e não mais que 4 ou 5% à mídia *on-line*. E, no entanto, enquanto a propaganda televisiva exerce um impacto de 27% sobre as decisões de compra de seus consumidores, mais de 20% delas são impulsionadas pela publicidade *on-line*. A implicação disso para as montadoras? Menos verba para a televisão e mais para os canais *on-line*.

À medida que a nova geração de CMOs *experts* em mídia enfatize a mensurabilidade publicitária e as inovações de mídia, por certo seus compostos de *marketing* se harmonizarão com o consumidor. Em parte, essa mudança expressa o crescente descontentamento dos anunciantes com os veículos tradicionais de comunicação, particularmente a TV aberta, que segue aumentando os preços do espaço de publicidade, embora sua eficácia como canal com o consumidor tenha decaído. Reflete também os retornos financeiros cada vez mais substanciais que os anunciantes têm obtido com seus investimentos digitais. Alcançamos um es-

BELOW-THE-LINE: AO VIVO NO CENTRAL PARK

O histórico de sucesso da mídia "*below-the-line*" na introdução de novas marcas e na rentável geração de vendas fez com que ela se tornasse cada vez mais atraente para os anunciantes. Observe o seguinte exemplo de *marketing* de eventos, utilizado pela American Express para o lançamento de seu cartão de crédito Blue, em 1999:

"Patrocinamos um concerto da Sheryl Crow no Central Park. Na verdade, criamos e produzimos o evento, o que era muito diferente de comprar algo da prateleira – um comercial de rede de TV, por exemplo", recorda o diretor de *marketing* John Hayes. "Nós 'tomamos posse' da cidade de Nova York durante as duas semanas que precederam o *show*. Queríamos que ele fosse transmitido ao vivo, e a Fox encarregou-se disso. O programa todo custou menos do que um comercial do Super Bowl, mas mostrou-se muito mais valioso... Com esse evento, estávamos sinalizando ao mercado que este era um produto diferente, com uma personalidade diferente."

Para Hayes, o ponto principal foi: "Grande ímpeto para o lançamento. Grande nível de compreensão. Grande posicionamento."

tágio em que a informação e o entretenimento são acessados por intermédio de um número suficiente de novas plataformas de mídia – iniciadas com o cabo e hoje incluindo *websites*, *videogames*, iPods, PlayStations e telefones celulares –, por tempo suficiente e por consumidores em quantidade suficiente para transformar o padrão geral do consumo de mídia.

Tais tendências – a fragmentação da audiência, o surgimento de soluções concorrentes para enfrentá-la (as redes de publicidade, a mídia *in-store* e o *marketing* de eventos, para citar algumas) e o contínuo redirecionamento das verbas publicitárias – constituem um caso urgente de mudança para as empresas de comunicação.

A fim de garantir que estejam do lado do crescimento nesses avanços, cabe a tais empresas:

- Adotar a nova mentalidade do anunciante: diálogo, mensurabilidade, relevância.
- Pôr o consumidor no centro de seus esforços de programação, *marketing*, pesquisa de audiência e vendas de publicidade.
- Tornar seus recursos de publicidade mais interativos e oferecer novas formas de customização e segmentação da propaganda.
- Desenvolver soluções integradas que incluam uma diversidade de canais de *marketing* cada vez maior. (Para as empresas de mídia tradicional, isso exigirá expandir substancialmente seus empreendimentos e recursos digitais, bem como ligar seus canais de mídia e suas habilidades a ofertas "*below-the-line*".)

Na base de todas essas novas práticas reside uma habilidade fundamental, que pode ser chamada de habilidade de "reinvenção da mídia". Trata-se da capacidade que, em última análise, permitirá a algumas empresas de comunicação ajudar os profissionais de *marketing* a fazer as melhores escolhas publicitárias e mercadológicas em meio a uma era de complexidade sem precedentes. A necessidade de reinventar a mídia é evidente, e os veículos de comunicação desenvolverão estratégias eficazes para comunicar-se com dezenas, se não centenas, de diferentes audiências – de maneiras atraentes e persuasivas que criem um valor demonstrável para os anunciantes.

REINVENÇÃO DA MÍDIA EM UM MUNDO PÓS-ANALÓGICO

Algumas empresas de mídia tradicional já reconheceram as injunções desta era pós-analógica, sempre ligada, e estão atuando em duas frentes, não raro de forma simultânea. De um lado, empreendendo grandes esforços para, mediante novas estratégias e tecnologias, aumentar o valor de suas atuais plataformas de mídia; de outro, investindo de modo a obter posições consideráveis em uma ampla gama de canais novos, que incluem vídeo *on-line*, redes sociais, como blogs e salas de bate-papo, ambientes com conteúdo digital, *videogames*, mídia *in-store*, aparelhos móveis, *marketing* de relacionamento e mesmo comércio eletrônico. Eis alguns exemplos.

Força de vendas publicitárias da ESPN coloca o consumidor no seu foco

Houve um tempo em que os representantes de vendas publicitárias da ESPN costumavam trabalhar em setores de mídia; um representante no negócio de redes a cabo da empresa, por exemplo, não vendia anúncios ou patrocínios para revistas. Hoje, eles são incentivados a criar soluções publicitárias que atendam às audiências-alvo por meio das múltiplas plataformas disponíveis, na busca de maior impacto e, evidentemente, melhores negociações.

"Se cercarmos os consumidores com diferentes canais de mídia, vamos oferecer aos anunciantes a oportunidade de fazer o mesmo", explicou John Skipper, então diretor de operações não televisivas da ESPN, que incluem a ESPN.com e a *ESPN the Magazine*, e diretor de vendas publicitárias de toda a ESPN e a ABC Sports. Em resposta a esse desejo, a ESPN reorganizou suas atividades de vendas publicitárias no intuito de enfatizar uma abordagem multiplataforma "agnóstica", cujo foco alinha-se ao modo como os consumidores se comunicam com as várias marcas de mídia da empresa. De modo que, hoje, ao visitar os anunciantes e as agências de publicidade, os representantes da ESPN chegam com portfólios que incluem oportunidades para cabo, revista, rádio, *on-line*, móvel, *videogames* e patrocínio.

As vendas para múltiplas plataformas são complexas, não raro feitas sob medida, e exigem uma colaboração interna significativa.

Um obstáculo considerável é encontrar profissionais de vendas capazes de pensar as diferentes mídias de maneira criativa e horizontal, a fim de solucionar os problemas dos clientes. De todo modo, as vendas para múltiplas plataformas estão funcionando na ESPN. Em setembro de 2007, por exemplo, a GMC, uma divisão da General Motors, lançou a campanha "Keys to Victory" ("Chaves para a Vitória"), que, estendendo-se por 16 semanas, patrocinava a temporada da NFL e constitui seu maior esforço publicitário até hoje. A campanha utilizou todos os veículos da ESPN – o programa *Monday Night Football*, a *ESPN the Magazine*, a ESPN.com e o conteúdo para celulares e outros aparelhos móveis – tendo em vista explorar o amor pelo futebol americano, que caracteriza os consumidores-alvo da GMC.

Vendas desse tipo podem ser gratificantes; na verdade, são cruciais para suprir as necessidades dos maiores anunciantes. Em 2005, cerca de 50% dos negócios da ESPN acima de US$ 2 milhões eram multiplataforma. Em 2007, Ed Erhardt, presidente da divisão de vendas e *marketing* de consumo da ESPN, indicou que essa porcentagem aumentaria para 75% e que a rede assinaria outros 50 a 60 contratos multiplataforma – um recorde para a empresa[5].

UM ESTUDO DE 2007 realizado pela Booz & Company, Inc. em parceria com a Association of National Advertisers revelou que os anunciantes estão recorrendo às empresas de comunicação em busca de auxílio neste mundo sempre ligado. Indagados sobre quais de seus parceiros – empresas de comunicação, compradores de mídia, agências de planejamento de comunicações ou as tradicionais agências de serviços completos – serão mais importantes para eles no futuro, 52% citaram as empresas de comunicação, enquanto apenas 26% mencionaram as agências de serviços completos.

O departamento de grandes ideias da Time Warner

O Global Media Group da Time Warner assumiu a tarefa de produzir iniciativas multiplataforma, baseadas na criatividade, para os 50 principais anunciantes do conglomerado de mídia. Seu objetivo: descobrir como agregar para esses importantes anunciantes um valor acima e além do que são capazes de gerar sozinhas as diferentes divisões da Time Warner.

Para criar e desenvolver grandes ideias, a Time Warner reconhecia a necessidade de contar com um novo e diferente tipo de talento. Contratou então dois antigos executivos da agência de propaganda Young & Rubicam – John Partilla, como presidente do grupo, e Mark D'Arcy, como diretor de criação –, com o propósito de construir uma equipe dotada de igual *expertise* em criação e estratégia de mídia. O grupo também trabalha em conjunto com agências externas.

A campanha "Home Show '06", da Home Depot, é um bom exemplo das grandes ideias do Global Media. Ante o desejo da maior varejista de materiais de construção e decoração do mundo de atrair mais consumidores para suas lojas e seu *website*, o grupo promoveu a combinação de demonstrações ao vivo e suas populares *celebrity clinics*[6], instaladas em mais de mil estabelecimentos da cadeia, com a construção de uma "casa virtual" *on-line*. Para pôr a ideia em prática, o Global Media recorreu à Time Warner, reunindo conteúdo editorial e de mídia proveniente de três canais – a plataforma *on-line* da AOL, as revistas da Time Inc. e as redes a cabo do Turner Broadcasting System.

A agência *in-house* da *Vogue*

Com a fundação do Vogue Studio, em 2004, a revista *Vogue*, de Condé Nast, expandiu-se para o ramo da publicidade. O Vogue Studio, uma agência de propaganda *in-house*, foi estabelecida sob a premissa de que nenhuma agência externa poderia produzir um material criativo mais afinado com a audiência da *Vogue* do que a própria *Vogue*.

O Studio possibilitou à *Vogue* mover-se acima na cadeia, para além dos processos transacionais de compra de mídia de seus clientes, com o propósito de influenciar decisões de mídia e *marketing* mais estratégicas. Sempre que o departamento de vendas publicitárias da *Vogue* identifica clientes que possam beneficiar-se de uma abordagem mais consultiva, o Studio cria e lança soluções publicitárias que envolvem todas as plataformas da revista – impressos, eventos, vídeos *on-line*, Internet e aparelhos móveis. A capacidade de prestar serviços de agência foi instrumental para que a *Vogue* atraísse e ampliasse seu relacionamento com um grupo diverso e lucrativo de clientes, como Bergdorf Goodman, Cartier, Tourneau, Samsung e mesmo Wal-Mart.

A Wal-Mart contratou o Vogue Studio para a missão de convencer o público feminino a combinar as roupas e acessórios da rede com marcas de grife, assim criando trajes elegantes e de consumo economicamente consciente. Naturalmente, a campanha de dois anos, lançada com um encarte de oito páginas em setembro de 2005, figurou nas páginas da *Vogue*. Além disso, acumulou 37 milhões de registros na mídia impressa, incluindo matérias no *Wall Street Journal*, na *BusinessWeek*, no *USA Today* e no *Los Angeles Times*.

MTV imprime sua marca no mundo virtual

Parece que as mais poderosas e impactantes inovações da mídia nos últimos anos vieram de fora da indústria (pense no Google, no YouTube, no MySpace e mesmo no craiglist), não fosse a MTV Networks, da Viacom. A MTVN, que liderou a revolução do videoclipe um quarto de século atrás, possibilita, de forma constante e discreta, que iniciativas como o Second Life tirem bom proveito de seu investimento no espaço de mídia em rápida expansão ocupado pelos mundos virtuais.

A MTVN vem transformando suas marcas de TV a cabo em ambientes digitais virtuais e, nesse processo, está criando plataformas de ampla adesão para os jovens e os anunciantes que queiram comunicar-se com eles. De acordo com a MTVN, sua Virtual Laguna Beach atrai os usuários para o *site* 1,4 vez por semana, com cada visita durando em média 37 minutos[7].

Ao final de 2007, a MTVN estava operando nove desses "mundos" e tinha um décimo ambiente, o Virtual Lower East Side, em desenvolvimento. Embora o Second Life receba grande divulgação por conta de seus quase 9 milhões de usuários, dos quais aproximadamente 70% são de fora dos Estados Unidos e menos de um milhão são residentes, poucos observadores estão cientes do fato de a MTVN ter acumulado 5,5 milhões de usuários registrados no Nicktropolis e em seus mundos virtuais baseados na MTV, além de 3 a 4 milhões de usuários ativos que visitam o Neopets mensalmente[8].

O que há de interessante aí para os anunciantes? Segundo métricas da MTVN, 99% dos consumidores que entram em seus mundos virtuais são expostos a conteúdos de marca, e 85% interagem voluntariamente com eles[9].

Scripps entra em contato direto com os consumidores

A E. W. Scripps Company até pode ter sido fundada como veículo impresso, mas notabiliza-se em sua história por adotar novas plataformas de mídia de maneira rentável. Dona de redes de TV a cabo, jornais e mídia interativa, hoje a companhia empenha-se em empregar esses recursos para criar relações mais diretas com os consumidores.

A Scripps destaca-se por utilizar bases de dados em suas atividades de *marketing* (*database marketing*) com vistas a desenvolver uma compreensão mais profunda sobre os interesses e comportamentos de suas audiências. Ela o tem feito basicamente por meios digitais, como concursos *on-line*, informativos eletrônicos corporativos (remetidos com o consentimento dos consumidores - *opt-in*) e mercados *on-line*.

A maior e mais exitosa dessas iniciativas é o anual "HGTV Dream Home Giveaway". Em 2006, o concurso contou com 6 milhões de inscrições e 39 milhões de acessos. Além disso, atraiu patrocinadores e anunciantes de uma ponta à outra do espectro mercadológico, incluindo GMC, Lending Tree e Lumber Liquidators.

Portais de *marketing* direto, como o Dream Home Giveaway, conduzem os consumidores aos *sites* de inscrição da Scripps, onde eles fornecem informações pessoais e sobre seus interesses. Os *insights* obtidos com essas informações servem como *feedback* proporcionando diversas oportunidades de geração de receita: informativos eletrônicos patrocinados; mercados que conectam os consumidores diretamente a comerciantes relevantes; e *insights* comportamentais que a Scripps utiliza para melhorar a eficácia de seu conteúdo *on-line*, de sua propaganda e de seus programas que vão ao ar.

NBC-Universal e a Hulu da News Corp.

A audiência televisiva pode estar em declínio, mas o crescimento dos vídeos *on-line* é prova de que seu conteúdo continua exercendo poderosa influência sobre os consumidores e anunciantes. Com efeito, os consumidores estão assistindo a uma quantidade maior de vídeos *on-line* - mais de 40% veem ao menos um por semana. A maior parte desses espectadores também parece estar aceitando o modelo de negócios de vídeos patrocinados. Mais de 50% estão reagindo positivamente aos anúncios em vídeo. E o que é mais animador para os *players* da mídia tradicional: os consumidores parecem mais receptivos à publicidade em ambientes patrocinados do que em portais ou *sites* com conteúdo gerado por usuários. Essa é uma boa notícia para os grupos centrados na TV, como a NBC e a

FOX, que até o momento controlam não mais que uma pequena parcela do mercado de vídeo *on-line*.

Essa dinâmica de mercado levou a NBC-Universal e a Fox a criarem o Hulu.com, um empreendimento conjunto voltado para veiculação de vídeos *on-line* patrocinados, os quais apresentam programas de TV, clipes de curta duração e filmes. O *site* de vídeos foi lançado na versão beta em novembro de 2007. Com ele as duas empresas veem uma oportunidade de criar uma oferta de vídeo em torno de um conteúdo vantajoso que irá atrair tanto o tempo dos consumidores quanto os gastos *on-line* dos anunciantes. A importância de criar uma escala operacional significativa *on-line* posteriormente fez com que essas duas rivais *off-line* não só se, como também firmassem contratos de conteúdo adicional com a Sony e a MGM.

O Hulu.com foi concebido para ser tanto um distribuidor "obrigatório" para vídeos de alta qualidade e um importante para outros *sites*. "Acreditamos que, no fim das contas, o conteúdo profissional de qualidade especial acaba ganhando", disse à BusinessWeek. com George Kliavkoff, diretor digital da NBC-Universal. "Acreditamos no poder de agregar esse conteúdo, assim como acreditamos na distribuição ubíqua."[10]

Até o momento, as empresas de comunicação tradicionais têm usado os vídeos *on-line* basicamente para atrair os espectadores para seus próprios *sites*. Mas o Hulu.com firmou contratos de distribuição com o MSN, o Yahoo!, a AOL, o MySpace e a Comcast para garantir que seu conteúdo tenha o maior alcance possível *on-line*. O *site* também tem estimulado os consumidores a colocar seus vídeos em seus próprios *sites*, bem como compartilhá-los por *e-mail*. Quer como site, ou "rede de publicidade", o Hulu espera combinar o aspecto de alto engajamento do vídeo com os recursos de monitoramento e seleção de mercado-alvo oferecidos pela mídia *on-line*, a fim de acelerar ainda mais a mudança dos anunciantes para a mídia digital.

A única coisa que esses exemplos têm em comum é o foco nos *insights* sobre o consumidor e sua relevância. Independentemente de seu posicionamento estratégico, para atrair consumidores e anunciantes neste mundo sempre ligado, as empresas de comunicação que almejem o sucesso terão, tanto quanto possível, de oferecer ambos os elementos.

Para isso as empresas de comunicação perspicazes estão redirecionado seu foco com relação aos espectadores, deixando de *analisá-los* e passando a *conhecê*-los. Elas sabem que os anunciantes de hoje querem conhecer seus hábitos, preferências e desejos. Quando e com que frequência seus consumidores-alvo visitam a Wal-Mart? Estão pensando em comprar uma casa nova ou um carro novo? Qual é a probabilidade de que falem a um amigo sobre uma marca ou um produto novo? Os anunciantes esperam que as empresas de comunicação ajudem a responder essas perguntas.

Assim, quando os executivos da NBC-Universal descrevem o espectador médio do canal Bravo, o fato de esse espectador ser muito provavelmente uma mulher rica na faixa dos 18 aos 49 anos é apenas o ponto de partida. Mais importante é saberem quais são os interesses dela: que é uma adotante inicial de artigos de moda e eletrônicos de consumo, e que é uma "afluenciadora": rica, engajada e influenciadora.

> "Precisamos de *insights* sobre como as pessoas consomem mídia. Se você é um grande anunciante, precisa conhecer seu consumidor. Mas você depende de nós para saber como diferentes segmentos de audiência consumem mídia."
>
> —Beth Comstock, presidente, divisão de mídia integrada, NBC Universal

A riqueza de dados presente no ambiente de mídia das empresas digitais permite-lhes gozar de certas vantagens no jogo dos *in-*

sights sobre o consumidor e sua relevância, mas não significa que possam simplesmente estagnar. Para mostrar a eficiência com que suas ofertas digitais, aliadas aos outros elementos de um *marketing mix* mais diversificado, funcionam como plataformas publicitárias, cabe também a essas organizações e suas equipes de vendas de publicidade encontrar novas oportunidades de obter o engajamento dos anunciantes e das agências de propaganda com *insights* que explicitem por que suas ofertas produzem melhores resultados.

A título de ilustração, a soberania do Yahoo! nas vendas de publicidade *on-line* é resultado de um esforço concentrado para tornar-se a principal escolha da *Fortune 500* nesse domínio. Para a consecução dessa meta, a empresa há muito vem enfatizando a cooperação entre o Vale do Silício e a Madison Avenue, bem como investindo em pesquisas destinadas a mostrar como a publicidade *on-line* tem a ver com o dia a dia familiar, que papel a Internet desempenha nas decisões de consumo e como os jovens ao redor do mundo estão utilizando a tecnologia digital. Em suma, o Yahoo! rompeu com o teor argumentativo típico das vendas transacionais e reconheceu a necessidade de comunicar-se com os anunciantes num nível mais estratégico.

Para os anunciantes que queiram saber o impacto de sua propaganda, a melhor métrica está nas vendas. Em 2003, o Yahoo!, em parceria com a Nielsen, desenvolveu uma plataforma analítica a fim de demonstrar o impacto de suas campanhas *on-line* no crescimento das vendas. O "Consumer Direct", nome dado a esse esforço, estudou os hábitos de 20 mil lares recolhidos do painel Homescan da Nielsen, correlacionando a exposição desse público à publicidade *on-line* com seu comportamento de compra. Em 2007, o Yahoo associou-se à comScore em um estudo denominado "Research Online, Buy Offline", que media a influência da busca paga e da propaganda em texto e vídeo (*display advertising*), bem como das campanhas integradas. O estudo corroborou a premissa básica da mensagem original do Consumer Direct: a publicidade *on-line* passou a ser um fator de influência decisivo nas compras *off-line*.

Com o passar do tempo, o Yahoo! também aprendeu que precisava oferecer aos anunciantes uma variedade de opções *on-line* mais ampla do que a disponível em seu portal. A despeito de seu enorme alcance e do número de páginas visitadas, o Yahoo! nem sempre conseguia conectar os anunciantes a seus consumidores onde quer que estes estivessem. Logo, ele precisava expandir suas soluções publicitárias para além dos domínios que possuía. Para dar esse salto, a companhia firmou parcerias para vendas de publicidade com empresas como eBay, Comcast, WebMD, Ziff Davis, Forbes e Bebo. Nesses arranjos, o Yahoo! serve como principal canal de vendas e *marketing* dos espaços publicitários *on-line* dos outros parceiros. Mas isso não é tudo: a empresa também fez aquisições como a Blue Lithium, uma rede de publicidade, e a Right Media, empresa de propaganda *on-line*, as quais contribuem com espaços adicionais não ligados ao portal. O resultado é uma ampla rede controlada que confere aos anunciantes do Yahoo! inúmeras oportunidades de comunicarem-se com seus consumidores-alvo.

Por fim, o Yahoo! tem sido líder na criação de soluções de publicidade integradas em categorias que anteriormente tinham pouca presença *on-line*. Tome-se o exemplo de seu esforço recente para os produtos Special K da Kellogg's. A Kellogg's queria criar uma experiência digital para mulheres interessadas em perder peso, na qual poderia promover os benefícios à saúde e ao estilo de vida contidos em seus Special K. Queria ainda ter essa experiência digital associada à mídia *off-line* (TV e impressos, especialmente) e a suas embalagens. Sob tal orientação, o Yahoo! elaborou um programa em torno do apelo à ação "Procure 'Special K' no Yahoo!". Aqui, o posicionamento do "Special K" no topo dos resultados de busca do Yahoo! direcionava as consumidoras para o *site* SpecialK.com. Uma vez lá, elas eram expostas a ferramentas interativas que lhes permitiam customizar seu próprio "Desafio Special K" e comunicarem-se com uma comunidade de gerentes de peso e outras mulheres interessadas em emagrecer. Ao mesmo tempo, o SpecialK.com apresentava informações sobre cereais, *wafers* proteicos e barras nutritivas da Kellogg's.

O REFRÃO DA MUDANÇA CONSTANTE

Até 2010, as ofertas de mídia e propaganda serão ainda mais envolventes, personalizadas e interativas do que hoje. Por certo nem tudo será novo: a televisão continuará sendo um meio cativante e popular, e as pessoas não deixarão de ler revistas e ouvir rádio. Mas é absolutamente verdadeiro que veículos de comunicação e publicidade ainda nem imaginados terão um impacto poderoso sobre o comportamento de consumo e também sobre os gastos dos anunciantes.

Para as empresas de comunicação de um modo geral, o futuro girará em torno da aquisição de novas competências e do desenvolvimento de novas relações. Elas terão de aprender a usar seus ativos digitais para criar experiências mais profundas, de maior impacto, tanto para os anunciantes quanto para os consumidores. Ao mesmo tempo, terão de desenvolver habilidades consistentes em *marketing* de relacionamento e *marketing* experiencial que possibilitem os tipos de diálogo com os consumidores-alvo e a geração de perspectivas de vendas ou *marketing* (*lead generation*) que os anunciantes tanto almejam.

Com mais oportunidades de colaborar diretamente com os anunciantes, as empresas de comunicação precisarão ainda de novas estruturas de ingresso no mercado, estruturas dotadas de pontos de contato mais claros e funções de serviços de vendas e *marketing* diferenciadas. E à medida que a distinção entre despesas *above-the-line* e *below-the-line* desapareça, terão de repensar seus portfólios, suas estruturas de planejamento e suas concepções de eficácia.

O caminho estratégico para prosperar nesta era sempre ligada está ficando mais claro para as empresas de comunicação. Elas se conectarão com os consumidores com maior relevância e interatividade por meio de mais e mais plataformas de mídia. Além disso, elas produzirão mais *insights*, dados e análises para embasar suas decisões e as de seus parceiros e clientes. Para finalizar, elas adotarão uma mentalidade mais à feição do anunciante, articulando de forma precisa como suas mídias podem produzir resultados.

Com o avançar desses desdobramentos, a mentalidade "única alternativa disponível", expressa pelo Sr. X no início deste capítulo, ficará cada vez mais distante, nos confins memória.

REFERÊNCIAS

- Gillin, Paul, *The New Influencers: A Marketer's Guide to the New Social Media*, Quill Driver Books, 2007.
- Jenkins, Henry, *Convergence Culture: Where Old and New Media Collide*, New York University Press, 2006.
- Kelly, Lois, *Beyond Buzz: The Next Generation of Word-of-Mouth Marketing*, AMACOM, 2007.
- McConnell, Ben e Jackie Huba, *Citizen Marketers: When People Are the Message*, Kaplan Business, 2006.
- Scott, David Meerman, *The New Rules of Marketing and PR: How to Use News Releases, Blogs, Podcasting, Viral Marketing and Online Media to Reach Buyers Directly*, Wiley, 2007.
- Sernovitz, Andy e Guy Kawasaki, *Word of Mouth Marketing: How Smart Companies Get People Talking*, Kaplan Business, 2006.
- Verklin, David e Bernice Kanner, *Watch This, Listen Up, Click Here: Inside the 300 Billion Dollar Business Behind the Media You Constantly Consume*, Wiley, 2007.
- Weber, Larry, *Marketing to the Social Web: How Digital Customer Communities Build Your Business*, Wiley, 2007.

- **Para mais recursos e informações atualizadas, visite www.businessfuture.com.**

4

MÉTRICAS: PASSANDO DAS IMPRESSÕES AO IMPACTO

É óbvio que a propaganda só tem valor para os anunciantes se é capaz de influenciar o comportamento de seus consumidores-alvo. E os anunciantes bem o admitem. Em um estudo recente, 90% dos anunciantes de nove setores (ver Gráfico 4.1) responderam com um retumbante e inequívoco *sim* à pergunta "Medir a eficácia é importante para você?"

Mas a medição da eficácia da propaganda foi por longo tempo uma ciência frustrante e imperfeita. Diante da falta de padrões de medição consistentes, os anunciantes basicamente se limitavam à técnica do "borrifar e rezar" (*spray and pray*) – isto é, borrifavam suas mensagens em várias direções e rezavam para que algum sinal de resposta do consumidor aparecesse.

Na televisão, essa resposta normalmente traduzia-se em anotações feitas em diários que uma pequena amostra de audiência era paga pelas empresas de pesquisa de mídia para manter. Esses diários, que registravam as escolhas de programação dos telespectadores, utilizavam o comportamento da audiência televisiva como representação do valor e do impacto da propaganda – esti-

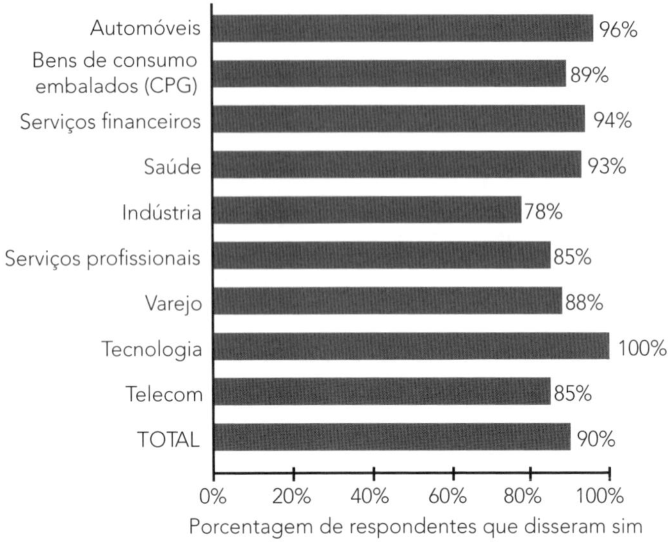

Fonte: Booz Allen Hamilton/ANA

GRÁFICO 4.1 Medir a eficácia do mercado é importante para você?

mativa essa bastante limitada. Mas, a bem da verdade, os diários tinham um grande benefício: permitiam aos pesquisadores extrapolar o tamanho do público espectador e, com base nisso, estabelecer um parâmetro e uma moeda pelos quais os anunciantes, as empresas de comunicação e as agências de propaganda podiam fazer negócios.

A NECESSIDADE DE MÉTRICAS

Por menos sofisticados e confiáveis que fossem os métodos tradicionais de medição de mídia, o fato é que eles forneciam padrões e moeda que possibilitavam aos anunciantes, às agências de compra de mídia* e aos veículos de comunicação fazer negócios. Hoje, porém, com os anunciantes exigindo mais eficácia e eficiência de suas aquisições de mídia, esse equilíbrio imperfeito já não funciona. A mídia digital está formando massa crítica junto aos consumidores. E a promessa de uma captação de dados mais granulares (em tempo real) sobre como reagem os consumidores à propaganda está tentadoramente perto de concretizar-se.

A transição para um novo tipo de métrica de publicidade teve várias consequências. Em primeiro lugar, a proliferação dos canais de mídia e a fragmentação das audiências fizeram com que a moeda tradicional da propaganda – a exposição ou "penetração" da audiência – se tornasse uma medida do valor da mídia muito menos convincente do que antes.

> "Praticamente desde que as imagens da TV cintilaram pela primeira vez nas salas de estar dos Estados Unidos, mais de meio século atrás, o tempo de propaganda aí veiculado tem sido vendido com base no tamanho da audiência, traduzido em GRPs e custo por mil impressões", explica David Velkin, CEO da Carat Americas e presidente da Carat Asia-Pacific, a maior agência de compra de mídia independente do mundo. "Mas, ultimamente, os anunciantes têm estado menos interessados no número de globos oculares voltados para a tela ou nas mãos que folheiam o papel, e mais no comportamento dos donos dessas mãos e olhos e no modo como a mensagem publicitária se comunica com eles."[1]

Em segundo lugar, a perspectiva de novas métricas contribuiu para a popularidade da mídia digital entre os anunciantes. Os dados e métricas que ela fornece suprem potencialmente duas prementes necessidades: medir a eficácia de seus esforços e centrar os recursos mercadológicos somente nos consumidores que estejam

* N. de R.T.: O modelo dos bureaus de mídia ainda não se estabeleceu plenamente no mercado brasileiro, sendo, por enquanto, uma realidade americana. No Brasil, essa etapa do negócio ainda é controlada pelas agências de propaganda.

interessados em categorias, produtos ou marcas específicos. Seja nas categorias que exigem "alto envolvimento" por parte dos consumidores, como automóveis, viagem e finanças pessoais (em que eles costumam ponderar opções e comparar alternativas antes da compra), seja naquelas caracterizadas pela "compra por impulso", como bens de consumo embalados, entretenimento e vestuário (nas quais um anúncio pode levar mais imediatamente a uma compra), os anunciantes podem servir-se da mídia digital para oferecer mensagens e informações contextualmente relevantes sobre o produto a segmentos específicos de consumidores potenciais. Podem definir como alvo apenas aqueles consumidores que estejam atrás de um novo Volvo, por exemplo, ou que planejem uma viagem de esqui para Deer Valley, ou que procurem comida orgânica para bebês. Podem ainda medir os reais resultados desses esforços, em vez de fiar-se em estimativas de audiência extrapoladas.

"A coisa mais importante que mudou nos últimos 10 anos é a capacidade de mensurar o que fazemos", afirma John Hayes, CMO da American Express. "Estão surgindo regularmente novos canais que nos permitem entender o que estamos fazendo no que se refere à sua aceitabilidade pelo mercado. E podemos fazê-lo de forma muito mais rápida."

Profissionais de *marketing* como Hayes já não se satisfazem com posicionamentos de mídia que meramente despertam a consciência ou mesmo a consideração dos consumidores. Eles exigem medidas mais consistentes da influência de um anúncio sobre as preferências, as compras e a lealdade do consumidor.

Isso sem dúvida representa uma mudança de paradigma, e os anunciantes compreendem o seu potencial. Basta considerar a rapidez com que abraçaram o modelo de publicidade paga por desempenho (*pay-for-performance*) do Google. De fato, eles já não se limitam a perguntar: "Qual é o custo dos GRPs que estamos comprando?" Querem também saber os resultados: "Quantos registros *on-line* esse anúncio gerou?" ou "Quantos consumidores potenciais ligaram para o número 800 e se tornaram consumidores efetivos?"

Em terceiro lugar, com a mídia digital, a capacidade de rastrear a relação entre a propaganda e as vendas tem se tornado cada vez mais sofisticada e precisa. Sempre que as ações do consumidor – da procura na Web ao clique em determinado anúncio, passando pelo compartilhamento de informações com um amigo até a compra de um dado produto – podem ser monitoradas e analisadas, os anunciantes estão em melhores condições de verificar quão bem uma peça de publicidade induz os consumidores às compras. Em última análise, os anunciantes esperam que a mídia digital lhes forneça as métricas e *insights* necessários para alocar as compras de mídia com real precisão. Na maioria das vezes esses anunciantes pensam nas relacões de consumo como um funil que leva a uma compra, depois a uma nova compra e, por fim, à lealdade à marca (ver Quadro 4.1). As métricas da mídia digital dentro em breve deverão informar-lhes quão bem uma série de TV ou uma campanha na Web conduz os consumidores através do "funil da compra" – fazendo-os passar do interesse pela aquisição do produto à construção de uma verdadeira preferência de marca.

QUADRO 4.1 Métricas embasam e aprimoram o funil da compra

Penetração	Preocupações fundamentais do anunciante
Consciência	Como posso captar a atenção dos consumidores-alvo?
Consideração	Como posso fazer com que os consumidores coloquem meu produto ou serviço em sua lista de compras?
Teste	O que posso fazer para os consumidores testarem meu produto ou serviço e comprá-lo?
Ocasional	Como posso aprofundar a relação com meus clientes?
Regular	Como posso gerar mais valor para meus clientes e garantir sua lealdade?

Fonte: Booz Allen Hamilton

Mas as métricas do novo ambiente da mídia digital ainda não encontraram seu equilíbrio. Em muitos casos, carecem da padronização que permite comparar maçãs com maçãs, e não maçãs com laranjas, no que diz respeito à efetividade da propaganda através dos setores da mídia. Para os anunciantes, as agências de publicidade e os veículos de comunicação, é ponto pacífico que o aperfeiçoamento dessas métricas será essencial nos canais de mídia como um todo; do contrário, será difícil lucrar num mercado publicitário que cada vez mais se caracteriza pela maior disponibilidade de escolhas. De fato, só mesmo métricas de mídia mais confiáveis permitirão aos anunciantes alinhar agressivamente suas compras de mídia (ou, na terminologia da indústria, seu *marketing mix*) aos novos padrões de comportamento de consumo. Essa necessidade é a força que impele o inexorável movimento rumo a métricas mais confiáveis e comparáveis (ver Quadro 4.2).

Para obter esses *insights* melhorados, cabe aos usuários das métricas – as empresas de comunicação, as agências de propaganda e os principais fornecedores de pesquisas – ir além das métricas de alcance e frequência e oferecer evidências mais pragmáticas do retorno sobre o investimento em mídia. Essa realidade está levando o *marketing* e a mídia a métricas mais baseadas nos resultados.

> “Um momento crucial para nós ocorreu quando percebemos que alcance, frequência e outras medidas passivas não seriam suficientes, pois não refletiam se estávamos realmente obtendo o engajamento de nossos clientes. Sem clientes engajados, não conseguiremos o que precisamos em termos de resultados comerciais. Por essa razão, deixamos de encarar a consciência como uma medida importante.”
>
> —John Heyes, CMO,
> American Express

Métricas baseadas em resultados não constituem um fenômeno inteiramente novo. Houve uma lenta e constante transferência

QUADRO 4.2 Os anunciantes precisam de novas métricas

As maneiras pelas quais os anunciantes avaliam suas campanhas estão evoluindo de métricas definidas em torno de elementos como

- Alcance, frequência e os tradicionais pontos de audiência bruta (GRPs)
- Segmento demográfico (idade, faixa de renda, gênero, localização)
- Métricas de marca (consciência estimulada ou induzida; consciência de propaganda, ou de comunicação; associação de mensagem; preferência de marca; intenção/consideração de compra)

para métricas baseadas em comportamentos específicos e focadas na ação:

- Engajamento: *recall* da propaganda, tempo de conexão, direcionamento para o *website* do anunciante, medidas de atenção ativa ao conteúdo e "transferência" (halo de marca a partir da mídia)
- Qualidade e concentração da audiência (influência dos adotantes iniciais, medidas boca a boca/repasse de informações
- Impacto sobre o comportamento de compra (visita à loja, teste, repetição da compra)
- Medida real da audiência (visitantes/unitários, cliques, *downloads*, avaliação de comerciais)

das verbas de *marketing* de uma mídia *mainstream* desprovida de métricas (*above-the-line*) para o *marketing* direto e as promoções de vendas (*below-the-line*), transferência essa que permitiu rastrear os resultados com maior precisão.

Até recentemente, muitos observadores desprezavam o crescimento dos gastos *below-the-line* como um fenômeno provocado em grande parte pelos varejistas, que, conforme diziam, estavam lançando mão de promoções comerciais para abocanhar uma fatia maior dos vultosos orçamentos de *marketing* alocados pelos principais fabricantes de bens de consumo embalados. Até certo ponto isso é verdade, mas o que melhor explica a migração das despesas da publicidade *above-the-line* para a publicidade *below-the-line* é que o valor dos gastos *below-the-line* pode ser medido e verificado mais facilmente pelos anunciantes.

O novo modelo de métricas baseadas em resultados combina a experiência da mídia *below-the-line* com inovações no sistema de medição (especialmente no âmbito da TV e da mídia digital) e com a emergência de outros modelos de métricas. Claro que nem todos os veículos de mídia podem, ou poderão um dia, rivalizar com as métricas de resposta direta do Google. Mas a ampla evolução das novas métricas produzirá mudanças profundas na prática e na cultura do *marketing* e da publicidade de marca.

Novas tecnologias darão respaldo a uma mudança final na medição da audiência: das estimativas passaremos a dados censitários efetivos – em outras palavras, a resultados "reais", e não "projetados". Tome-se o exemplo da Nielsen Media Research, soberana absoluta em medição de audiência televisiva. Tradicionalmente, a Nielsen coleta dados de audiência provenientes de 12 mil residências (mais ou menos 0,001 % dos estimados 112 milhões de lares americanos que possuem TV) e utiliza essa amostra a fim de projetar índices de audiência para a nação como um todo. Em um futuro não muito distante, conversores e outros dispositivos embutidos nos sistemas de TV digital fornecerão dados sobre a frequência com que cada telespectador assiste à programação e aos comerciais televisivos. Ao fim e ao cabo, os anunciantes terão acesso a dados sobre a reação dos telespectadores à publicidade e à mídia, dados esses que serão comparáveis, em granularidade e abrangência, àqueles captados atualmente no ponto de venda do varejo.

Hoje, a Nielsen está investindo pesadamente em uma ambiciosa iniciativa multiplataforma – "Anytime, Anywhere Media

Measurement" (A2/M2) – destinada a aumentar a escala e a precisão de sua amostra de consumidores. Esse programa permitirá à empresa penetrar mais fundo nas mídias *on-line*, *externa* e *in-store*, bem como fortalecerá a qualidade de seus dados derivados da TV. Enquanto isso, competidores menores, como a IAG Research e a TNS Media Intelligence, estão lançando alternativas inovadoras à Nielsen. Dentro em breve será possível coletar dados a partir de medidores móveis que monitorarão a audiência televisiva fora do lar, de *downloads* e *streams* de vídeo da Internet e de vídeos assistidos em PDAs, telefones celulares, MP3 *players* e outros aparelhos portáteis.

Nesse ambiente cada vez mais dinâmico, as novas métricas baseadas em resultados farão com que o foco da medição da propaganda seja redirecionado da exposição para os resultados. Essas métricas incluirão:

- *Índices de audiência de comerciais de TV.* Audiência dos comerciais, em vez da programação; retenção da mensagem dos comerciais pelos consumidores; o impacto das posições nos *breaks* (sequências de comerciais que vão ao ar durante um mesmo intervalo); e o projeto geral dos *breaks*.
- *Qualidade da sessão, engajamento e experiência/satisfação do consumidor.* Propagandas recordadas por sessão ou visita; tempo gasto por sessão ou visita; número médio de sessões por usuário; e poder de recordação da marca.
- *Comportamento da audiência total.* Número de consumidores acessando marcas de mídia nas plataformas *off-line* e *on-line* (métrica especialmente relevante para as empresas de mídia tradicional que estejam tentando fortalecer sua presença digital e para os anunciantes que queiram comparar o respectivo desempenho das mídias digital e tradicional).
- *Marketing de permissão (opt-in).* Registros *on-line*; taxas de abertura (*open rates*); ligações gratuitas; e solicitações de informação.

- *Participação do consumidor.* Atividade viral, como repasse (*pass-along*) e índices de recomendação (*referral rates*); níveis de interação com conteúdo associado a marca, como *uploads* desse conteúdo para *sites* pessoais; tempo gasto em interação com a marca; e o valor líquido de promoção (*net promoter score*, porcentagem de consumidores que recomendariam o produto).
- *Impacto nas vendas.* Perspectivas de venda geradas; tráfego na loja; e aumento do volume nos estabelecimentos de varejo.

Muitos anunciantes não veem a hora de usar métricas como essas para quebrar o código do retorno sobre investimento em propaganda e *marketing* multiplataforma. De fato, segundo o referido estudo da Booz Allen, quase 70% deles identificaram no aprimoramento das análises de ROI – e nos *insights* sobre os consumidores por eles fornecidos – as mais desejadas dentre todas as competências mercadológicas.

Mas ainda há muito progresso a ser feito. Como observa Jim Stengel, diretor da divisão de *marketing* global da Procter & Gamble, referindo-se aos prodigiosos esforços da empresa para a medição de seus resultados publicitários, "Fizemos muitos progressos... compreendemos bem os elementos. E não nos saímos mal descobrindo como se inter-relacionam. Mas ainda não estamos exatamente onde eu gostaria que estivéssemos no que diz respeito a projetar resultados específicos".

Anunciantes como a P&G estão empenhados em decifrar esse enigma da mídia e da propaganda, tendo em vista promover a revolução das métricas de mídia pelos próximos anos. A era da medição de uma única mídia, centrada no alcance, chegará a seu termo tão logo os anunciantes façam a transição para campanhas de plataforma cruzada que se caracterizem por níveis superiores de gastos com mídia digital e ações *below-the-line*. A próxima era da medição de audiência irá centrar-se no modo como novas combinações de mídia e propaganda – TV, *on-line* e impresso, bem como *videogames*, *outdoors*, aparelhos móveis, *shopper marketing* e muitos outros – influenciam os consumidores e quão bem podem movê-los através do funil da compra.

PASSANDO DA EXPOSIÇÃO AO ENGAJAMENTO

No mundo sempre ligado, o engajamento do consumidor é realmente escasso. Em que pese as mensagens de mídia poderem ser comunicadas a qualquer tempo e em qualquer lugar, os anunciantes querem mais que sua simples exposição aos olhos dos consumidores: querem destes o tipo de atenção e ação que impulsiona as marcas. Desse modo, cabe aos profissionais de *marketing* lutar incessantemente até descobrir aquelas vagas combinações de mídia e propaganda capazes de comunicar-se com os consumidores e aumentar a procura da marca. Novas abordagens de medição refletirão igualmente a qualidade da audiência (será que o anúncio foi visto pelo consumidor certo?) e o real impacto da mensagem (será que a propaganda tocou o consumidor emocionalmente, afetou sua atitude ou contribuiu para incitar uma ação específica, como um teste ou uma compra?)

> “Se as pessoas assistem ou não, isso não serve para medir. A exposição está debilmente correlacionada com a intenção de compra e com as vendas efetivas, ao passo que o engajamento guarda uma correlação muito mais forte e está muito mais perto do que realmente importa, que é o crescimento da marca e a preferência do consumidor por essa marca.[2]”
>
> —Joe Plummer,
> superintendente de pesquisa,
> Advertising Research Foundation

Na tentativa de responder a tais questões, os profissionais de *marketing* estão começando a redefinir as métricas que utilizam para avaliar a mídia e as mensagens. Mas redefinir, quanto mais medir, as complexas relações entre a mídia, as mensagens e os consumidores é tarefa das mais desafiadoras. Tem sido difícil para esses profissionais, para as agências de propaganda e para os veículos de comunicação chegar a um acordo quanto ao exato significado de *engajamento*, em oposição a *impressão*. Muitos são os pontos de vista e várias as perguntas que permanecem sem resposta:

- O engajamento diz respeito à quantidade de tempo que os consumidores gastam com determinada mídia?
- O engajamento é uma medida de quão bem os consumidores recordam a propaganda a que assistem ou leem?
- O engajamento é uma representação da receptividade e da interação do consumidor com a propaganda?
- O engajamento leva em conta a interação entre a execução criativa, o posicionamento da mídia e o ambiente da marca de mídia?

Para complicar ainda mais a tarefa de medir o engajamento, é bem provável que ele dependa de diversos fatores externos, além da propaganda propriamente dita. Esses fatores podem incluir a quantidade de tarefas executadas simultaneamente durante a audiência; o nível dos gastos com mídias concorrentes; e mesmo certas condições de varejo, por exemplo, uma alta dose de atividade promocional complementar capaz de afetar a eficácia com que a propaganda obtém os resultados desejados.

Tão logo forem desvendados os mistérios do engajamento do consumidor, um novo modelo de medição de mídia surgirá para reforçar o redirecionamento do foco dos anunciantes – da exposição para o impacto (ver Quadro 4.3).

Apesar desses desafios, o engajamento está ganhando força como métrica de mídia.Em 2005, a Court TV (desde então re-

QUADRO 4.3 O novo modelo de medição de mídia

Pesquisa de audiência tradicional	Modelo emergente focado em *insights* sobre o consumidor
Demografia	Comportamentos, interesses
Impressões	Engajamento, ações
Específica de plataforma	Centrado em campanha
Costumes/segmentação	Funil da compra
Estimativa	Censo

Fonte: Booz Allen Hamilton

batizada "truTV"), pertencente ao Turner Broadcasting System, tornou-se a primeira empresa de mídia a usar o engajamento como moeda, quando passou a oferecer aos anunciantes, além da convencional garantia de audiência baseada nos índices da Nielsen, uma garantia fundamentada no "engajamento" dos telespectadores. Para determinar os níveis de engajamento, a empresa trabalhou em conjunto com pesquisadores de mídia a fim de fornecer análises específicas de recordação da propaganda e dos índices de audiência minuto a minuto dos comerciais em relação à programação. Se o engajamento resultasse aquém do nível prometido, a Court TV concordava em ressarcir os anunciantes pela defasagem oferecendo-lhes um volume adicional de publicidade.

Fundada em 1999, a IAG Research transformou-se em padrão de referência quando se trata de determinar a eficácia da publicidade televisiva. A IAG avalia a resposta dos telespectadores à propaganda e à programação em todas as redes de TV aberta e nas principais a cabo. Atualmente, os dados de audimetria que fornece são utilizados por anunciantes líderes, como Verizon, Toyota e NBC-Universal.

A IAG identificou o vácuo que havia nos métodos então utilizados para a medição do desempenho da propaganda: a Nielsen, por exemplo, media quantas pessoas tinham oportunidade de assistir a um anúncio, mas não oferecia uma medição em tempo real, com conteúdo específico, do *impacto dessas transmissões*. Assim, a IAG criou um novo sistema de medição a fim de preencher essa lacuna. A IAG mede a eficácia dos comerciais de TV, do *merchandising*, dos patrocínios comerciais e dos comerciais nos cinemas utilizando seu exclusivo painel de consumidores *on-line* como base para suas pesquisas e recomendações.

O sistema da IAG constitui um empreendimento ambicioso – uma empresa de dados de audimetria à la Nielsen ou Arbitron conduzindo um painel 365 dias ao ano. Ela cobre todos os programas exibidos em horário nobre nas cinco maiores redes de TV aberta dos Estados Unidos, 17 grandes redes de TV a cabo, além das líderes de língua espanhola Univision e Telemundo.

Desde cedo ficou evidente, pelos dados relativos à resposta dos telespectadores, que o Engajamento ao Programa (Program Engagement) está fortemente correlacionado com a recordação e a atenção à propaganda, uma descoberta específica e conclusiva que por muito tempo escapara à indústria. Sua aplicação comercial para os anunciantes e as redes era clara. Programas de TV com maiores índices de engajamento proveem um ambiente de mídia superior para os comerciais.

Essa abordagem permitiu que a métrica de engajamento da IAG fosse aceita como suplemento dos índices de audiência da Nielsen. Em 2006, a empresa transpôs um importante limite, em termos de aceitação de mercado, quando a NBC tornou-se a primeira rede de TV aberta a utilizar seus índices de engajamento como garantia adicional para os anunciantes. Em 2007, durante o período de vendas de publicidade pré-temporada (*upfront*), muitas redes de TV aberta e a cabo estavam oferecendo algum tipo de métrica baseada em engajamento.

A métrica do engajamento é especialmente vantajosa para as redes de TV porque vai além da simples contagem de quantos telespectadores estão sintonizados em determinado canal. Mais do que isso, os índices de Engajamento ao Programa da IAG revelam se de fato os telespectadores prestaram atenção aos anúncios veiculados na programação. Com diversas redes enfrentando índices de audiência declinantes e pressões para a redução do preço de seus espaços de publicidade, essa métrica lhes dá a oportunidade de proteger – e, em alguns casos, aumentar – o valor de suas audiências. Não há dúvida de que a audiência é importante, mas o engajamento o é ainda mais.

O Quadro 4.4 ilustra como os *rankings* de anúncios de TV determinados pela IAG com base no engajamento tornaram-se rapidamente um atributo aceito e reconhecido no mundo sempre ligado. Com seus relatórios, a IAG conseguiu mostrar que o sonífero Lunesta, da Sepracor, era o comercial *e também* a marca de remédio controlado mais lembrados na temporada 2006-2007[3].

Apesar disso, não são perfeitos os atuais modelos de medição de engajamento da televisão. Por um lado, há o possível viés representado pelos participantes que veem muito mais TV que o restante do grupo amostral. Há também a preocupação de que os participantes possam "super-recordar" os comerciais simplesmente por saberem que serão indagados sobre eles. E há ainda a questão de definir se e até que ponto os incentivos oferecidos pelos pesquisadores aos consumidores entrevistados podem distorcer ainda mais os resultados.

Por outro lado, há uma preocupação mais importante: em que medida a recordação e a atenção da audiência são úteis para determinar a eficácia mercadológica? É claro que a oferta da IAG é apenas o primeiro passo na direção de uma métrica de enga-

QUADRO 4.4 *Ranking* dos comerciais (IAG Research)

Os 6 comerciais de remédios controlados mais lembrados (temporada 2006/2007)

Colocação	Marca	Empresa	Descrição do comercial	Índice de recordação
1	Lunesta	Sepracor	Desafio das 7 noites; mariposa voa sobre a cidade e entra na casa das pessoas. (60 s)	155
2	Lunesta	Sepracor	Desafio das 7 noites; mariposa voa sobre a cidade, entra na casa de um casal e pousa no travesseiro da mulher. (60 s)	153
3	Zyrtec	Pfizer	História nº 43; as roupas caem sobre a mulher e ela espirra. (45 s)	138
4	Rozerem	Takeda	Abraham Lincoln, um castor falante, um homem com roupa de astronauta e outro vestido de pijama conversam sentados à mesa da cozinha; seus sonhos sentem sua falta. (60 s)	134
5	Crestor	Astra-Zeneca	Homem em uma peixaria perto do mar cujo colesterol está fora de controle; seu corpo se divide em várias partes. (60 s)	124
5	Vytorin	Merk/ Shering-Plough	Pratos de comida aparecem com fotos da família. (60 s)	124

As 5 marcas de remédios controlados mais lembradas (temporada 2006/2007)

Colocação	Marca	Empresa	Descrição do comercial	Índice de recordação
1	Lunesta	Sepracor	Desafio das 7 noites; mariposa voa sobre a cidade e entra na casa das pessoas. (60 s)	218
2	Lunesta	Sepracor	Desafio das 7 noites; mariposa voa sobre a cidade, entra na casa de um casal e pousa no travesseiro da mulher. (60 s)	212
3	Imitrex	Glaxo-Smith-Kline	Professora em um ensaio de uma peça infantil sofre um ataque de enxaqueca; um monstro púrpura aparece e então desincha.	153
4	Rozerem	Takeda	Abraham Lincoln, um castor falante, um homem com roupa de astronauta e outro vestido de pijama conversam sentados à mesa da cozinha; seus sonhos sentem sua falta. (60 s)	147
5	Plavix	Bristol-Meyers-Squibb/ Sonofi-Aventis	O bombeiro Jim é um homem formidável, mas que pode ser parado por um coágulo do tamanho de uma gota d'água. (60/75 s)	141

jamento confiável. No entanto, as atuais abordagens ainda não levaram em conta uma dura realidade: a de que os consumidores podem assistir a um anúncio televisivo e lhe direcionar atenção exclusiva, mas o elevado índice de audiência daí resultante pouco diz de significativo sobre se vão ou não agir motivados pela mensagem. Até que aquela ligação possa ser estabelecida, a promessa do engajamento como métrica de mídia continuará apenas parcialmente cumprida.

Por fim, há a questão envolvendo a quantidade de mudanças que o ecossistema da mídia e do *marketing* é capaz de absorver. Se o motor primeiro da economia das redes de TV passar a ser os *rankings* de engajamento dos comerciais, qual será o impacto disso sobre a programação e as marcas desenvolvidas por essas redes? E se estas começarem a valer-se explicitamente de seu talento criativo e promocional para manter os consumidores assistindo a comerciais em vez da programação, qual será o impacto disso no futuro da TV com sustento publicitário?

Apesar dessas questões, as redes admitem a necessidade de adotar novas métricas que permitam às agências de propaganda e aos anunciantes avaliar melhor a eficácia da despesa publicitária. A IAG e as métricas de engajamento, mesmo com suas imperfeições, estão voltadas para essa necessidade. Como descreve Alan Wurtzel, presidente da divisão de pesquisa da NBC-Universal, "Esse é apenas um dos muitos tipos de coisas que estamos tentando fazer. Não há um modelo uniforme e universal. Estamos tentando desenvolver um conjunto de métricas. A Nielsen ainda é a primeira garantia; o engajamento é a segunda".

Se a métrica de engajamento da IAG crescia, a Nielsen não ficou parada, e desenvolveu uma alternativa ao estudo e à abordagem de recordação de marca utilizada pela IAG. Seu sistema de índices de audiência de comerciais rastreia não apenas o número de telespectadores que assistiram a determinado programa, mas quantos assistiram a um comercial. Na prática, a implantação desse sistema tem sido complexa e problemática. Para se ter uma ideia, todos os sistemas de índices de audiência de comerciais devem enfocar o crescimento da audiência *time-shifted**, uma tendência que tornou a medição da audiência e da vida útil dos comerciais de TV uma questão muito mais difícil.

Em 2007, a penetração do Digital Vídeo Recorder nos lares girava em torno de 17% e, conforme a expectativa, chegaria a 50% por volta de 2011. Com mais consumidores pausando a programação (*time shifting*) e pulando os comerciais (*ad skipping*), os anunciantes queriam pagar apenas pelos olhos que de fato assistiam às suas inserções. Os veículos de comunicação, por sua vez, desejavam um sistema que lhes assegurasse crédito pela audiência ao vivo assim como pela audiência *time-shifted*. De sorte que, no final de 2007, a indústria estabeleceu uma nova definição de índices de audiência para a televisão. Apelidada de "*live plus 3*", o novo modelo baseava-se na descoberta de que quase toda a audiência ocorre durante os três dias subsequentes à transmissão de um programa ao vivo.

Outro fator de complicação para a Nielsen foi a resistência ao novo sistema por parte de algumas proeminentes redes de comunicação. Elas faziam objeção a um aspecto do proposto fluxo de dados dos índices de audiência de comerciais da Nielsen: destinava-se a sustentar um índice geral para todos os comerciais de um dado programa, e não para índices individuais de cada comercial. Além disso, algumas redes de TV a cabo, como a MTV, não abraçaram a mudança para esse novo sistema. Considerando-se a tendência de pular os comerciais entre os consumidores mais jovens e a quantidade de programas reprisados em suas grades, preocupava-as que o valor de seus espaços publicitários caísse significativamente com esses índices.

---

* N. de T.: De *time-shifting*, tecnologia que permite interromper um programa e retrocedê-lo em qualquer momento, bem como gravá-lo e assisti-lo posteriormente.

Ainda assim, uma vez concluído o *upfront* de 2007 das redes abertas e a cabo, a indústria televisiva aceitou uma nova métrica de audiência conhecida como C3 (acrônimo referente à audiência média de um comercial durante sua exibição ao vivo na programação mais três dias de sua reprodução em DVR) como padrão para as vendas de mídia televisiva. A vigência do C3 como padrão do setor pode, porém, ter vida breve. Tão logo a Nielsen adquira maior competência e se sinta mais à vontade fornecendo índices granulares de audiência de comerciais para o mercado como um todo, a tendência é de que a indústria migre para os índices minuto a minuto que tanto a Madison Avenue como os anunciantes parecem desejar.

Algumas empresas já estão experimentando essa abordagem. Mike Pilot, presidente da divisão de vendas e *marketing* da NBC-Universal, resumiu a lógica de tal mudança ao anunciar a negociação do *upfront* a cabo da empresa com a Starcom USA: "Firmamos com nossos clientes o compromisso de oferecer-lhes mais possibilidade de retorno e mensurabilidade com base nas métricas que mais importam para eles. Nosso negócio minuto a minuto para a Bravo – o primeiro feito pela NBCU com base nessa métrica – realmente envolve parceria e aprender juntos nesta indústria da mídia em transformação".

Em última análise, o movimento em direção aos índices de audiência medidos minuto a minuto pode ser inevitável, mas, a médio prazo, acarretaria maior complexidade para a compra de mídia criativa e para as vendas de publicidade. Num ambiente de audiência que classificasse os comerciais individualmente, a eficácia dos filmes de TV desenvolvidos por agências de propaganda e os anunciantes – em contraste com a programação e as marcas das redes – tornar-se-ia o motor primeiro da economia televisiva. Logo, isso exigiria das redes de TV recorrer a seu talento criativo e promocional para manter os consumidores assistindo aos comerciais. Significaria ainda que cada inserção em cada *break* dentro de cada teria potencialmente seu próprio valor e preço.

Quando, e se, essa situação realizar-se a pleno, as redes se verão pressionadas a escolher como planejar a publicidade de seus programas. Resignada com a realidade da ampla adoção do sistema C3 na TV a cabo, a Viacom já sinalizou publicamente que sua MTV Networks estará mais focada em integrar a propaganda diretamente nos seus programas; considerará também encurtar os *breaks* de publicidade, bem como aumentar seu número, a fim de evitar perda de receita[4].

Além dessas medidas que a Viacom pensa em tomar, as redes poderiam optar por veicular em seus programas apenas comerciais que gerem os maiores índices de audiência, bem como criar novos modelos de preços em torno das posições ocupadas dentro dos *breaks* publicitários, com as primeiras e últimas posições sendo vendidas a um valor mais elevado por gerarem maiores índices de audiência; ir ao ar junto com anunciantes de performance confirmada seria mais desejável. De resto, não é exagero imaginar um maior uso de barras de rolagem do tipo Internet e outros ricos recursos midiáticos na tela. Especulações à parte, é certo que índices mais granulares da audiência de comerciais contribuirão para um mercado publicitário com mais mão de obra e mais analiticamente orientado. As redes de TV e as agências de propaganda precisarão de mais tempo de análise e poder computacional para administrar um conjunto de dados de índices de audiência exponencialmente maior.

Por fim, até mesmo o mais sofisticado e infalível sistema de avaliação de comerciais ignora um importante fator: por mais que o telespectador assista a determinado comercial e lhe devote atenção exclusiva, essa audiência não é prova cabal de que ele se lembre da marca, da mensagem ou da oferta.

O mais importante para os anunciantes é determinar se o telespectador *realmente* prestou atenção ao anúncio. Um índice de audiência de comerciais pode revelar que um dado comercial foi ao ar diante dos olhos do consumidor, mas não destaca se houve interesse desse consumidor na propaganda nem se a peça incitou-lhe uma resposta.

MÉTRICAS PARA CADA MÍDIA

Agora que as campanhas publicitárias de plataforma cruzada tornaram-se uma solução aceita tanto para a proliferação da mídia quanto para a fragmentação da audiência, também as métricas de mídia devem contemplar as diferentes plataformas. Isso significa que os profissionais de *marketing* precisam ser capazes de mensurar os resultados de cada categoria de mídia *e* avaliá-los em combinação e em comparação com outras plataformas de mídia que utilizem. Apesar de todas as promessas da mídia digital, isso continua sendo um problema para os anunciantes. De fato, em recente estudo da Booz Allen em parceria com a Association of National Advertisers, 62% dos profissionais de *marketing* avaliados revelaram que gastariam mais em mídia digital caso houvesse métricas de plataforma cruzada melhores para mensurar a eficácia da propaganda.

O primeiro passo para criar mensurabilidade, interatividade e capacidade de definir segmentos-alvo nos diferentes tipos de mídia consiste em determinar uma métrica para cada um deles. Esse prerrequisito acha-se ainda a muitas etapas de sua concretização nos diferentes veículos, mas vem sendo perseguido de forma agressiva em praticamente toda parte. Observe as iniciativas nesse sentido tomadas por algumas empresas de pesquisa de mídia:

- *On-line*. A Nielsen/NetRatings desenvolveu o que chama de conjunto de métricas "total", o qual inclui o total de minutos, sessões e número de páginas visitadas (*page views*) da mídia *on-line*. Já a comScore, sua rival, adotou uma família de métricas "baseadas em visitas", incluindo o número total de visitas, o tempo médio em minutos de cada visita, a média de visitas por usuário e o número médio de visitas por dia de uso. Em tese, cada um desses sistemas é capaz de fornecer uma medição mais precisa da publicidade *on-line*. A falta de um padrão, porém pode criar certa confusão.

- *Videogames*. A Nielsen, por meio de seu serviço GamePlay Metrics, planeja usar a amostra National People Meter da empresa, de que constam os mesmos lares que proveem dados de audiência televisiva, para colher informações sobre o uso de *videogames*. A empresa medirá o uso de *videogames* e fornecerá dados demográficos por título de jogo, gênero e plataforma de jogo do Xbox da Microsoft, do Wii da Nintendo e do PlayStation da Sony.
- *Vídeo em streaming*. O Video Metrix da comScore vai além da medição de tráfego – o número de pessoas que acessam um *website* – para determinar quem permanece *on-line* e assiste ao conteúdo completo dos vídeos.
- *Mídia móvel*. A Nielsen está testando um "medidor solo" do tamanho de um batom para monitorar o uso de *players* de áudio e vídeo pelos consumidores. Enquanto isso, a Rentrak Corporation e a Hiwire colaboram para a medição da audiência da TV móvel. A iniciativa conjunta começará pelo rastreamento do tamanho total da audiência televisiva em telefones celulares.
- *Blogs*. A Nielsen BuzzMetrics está analisando *insights* e opiniões em discussões *on-line*, bem como experiências, recomendações e promoções boca a boca.
- *Gravadores de vídeo digitais (DVRs)*. Os "medidores ativo/passivo" da Nielsen estão rastreando DVRs para mensurar a audiência com *delay* da programação televisiva. Exemplo característico: o *ranking* da Nielsen relativo às estreias da temporada 2007 mostrou que a série *Grey's Anatomy*, transmitida pela

rede ABC, obteve um acréscimo de 3,89 milhões de espectadores mediante audiência *time-shifted*[5].

- *Mídia externa*. A Nielsen Outdoor vem desenvolvendo um sistema de índices de audiência que utiliza dispositivos equipados com GPS. Npods (Nielsen Personal Outdoor Devices) fornecerão dados demográficos sobre as impressões geradas por veículos de mídia exterior – basicamente *outdoors* –, bem como quando ocorreram e quanto tempo duraram.

- *Mídia in-store*. A Arbitron, líder na medição de audiência radiofônica, combinou seu Portable People Meter com outros recursos de estudo, incluindo interceptações de compradores e uma parceria com a Scarborough Research, tendo em vista monitorar a exposição à mídia *in-store*. A Nielsen, no intuito de criar um serviço semelhante, está trabalhando por intermédio de um consórcio de varejistas, fabricantes e compradores de mídia.

- *Campanhas por e-mail*. O Interactive Advertising Bureau refinou a definição da categoria ao introduzir um conjunto de parâmetros que inclui conversões em vendas geradas por *e-mails*, receita gerada por *e-mails*, lucro bruto originado de *e-mails*, abertura de *e-mails* e total de cliques em *e-mails*.

Uma vez que as métricas estejam padronizadas e funcionando para as plataformas de mídia, surge o problema da possibilidade de comparação. Para serem pagas pelos anunciantes por conectá-los aos consumidores através das plataformas, as empresas de mídia precisam saber cruzar métricas – tarefa essa um tanto complicada quando nem as métricas, nem o valor percebido pelos consumidores nas mídias analógica, digital e em outros ambientes permitem estabelecer uma comparação simples e linear.

As redes de TV, por exemplo, disponibilizaram uma maior quantidade de seu conteúdo para a banda larga e, ao fazê-lo, en-

EXTRA, EXTRA!!! JORNAIS ADEREM A MÉTRICAS DE AUDIÊNCIA TOTAL

É senso comum para as empresas de comunicação abraçar métricas de plataforma cruzada. Mas nem sempre é fácil.

À medida que despencavam as tiragens dos jornais e que seus *sites on-line* tornavam-se mais populares, os líderes do setor decidiram criar uma nova métrica, destinada à medição da audiência total. Seu objetivo era razoável: contrariar a noção de que os níveis de audiência dos jornais estão caindo e de que não é possível a esse veículo de comunicação alcançar os leitores mais jovens.

Infelizmente, a iniciativa esbarrou em enormes desafios antes que a tinta secasse. A nova métrica da audiência total não fez um esforço real para distinguir entre a qualidade das audiências de tiragens pagas e a daquelas que acessam os jornais gratuitamente *on-line*. Em outras palavras, a métrica igualava o consumidor que confere a previsão do tempo *on-line* com aquele que recebe o jornal na porta de casa. Sem *insights* adicionais suficientes sobre o valor do anunciante e a qualidade da leitura *on-line*, faltava aos jornais munição para contestar a visão predominante (entre os anunciantes, pelo menos) de que o leitor que paga pelo jornal impresso (apesar do declínio dessa leitura) permanece mais valioso que o leitor *on-line*.

Para complicar ainda mais o quadro está o fato de que a indústria jornalística não decidiu um padrão comum para a medição da audiência *on-line*. De modo que cada jornal ainda está livre para escolher a Nielsen ou a comScore (cujas respectivas abordagens dos índices de audiência *on-line* diferem) como métrica para divulgação de sua audiência *on-line*. Como resultado, os anunciantes e os compradores de mídia ainda carecem de um meio consistente e comparável para estimar o valor das muitas audiências de jornais *on-line*.

contraram mais espectadores. No último trimestre de 2006, a NBC Rewind, *site* que permite aos consumidores assistir a programas da rede, atraiu 5 milhões de usuários. Até maio de 2007, esse número havia dobrado para 10 milhões[6]. Além disso, uma pesquisa da NBC revelou que os espectadores passavam os olhos em programas como *Heroes on-line* antes de decidir vê-los na TV. Na tentativa de monitorar e por fim dar cifras ao crescente consumo de mídias de plataforma cruzada, a NBC-Universal lançou uma ferramenta de mensuração da audiência total que capta a audiência de todos os canais de comunicação da empresa (incluindo TV aberta, a cabo, *on-line* e móvel).

> “Se você olhar para o futuro das medições de audiência, em que estará medindo a exposição na televisão, nos telefones celulares e na Internet, vai querer ir além da amostra atual.[7]”
>
> —David Poltrack, vice-presidente executivo,
> pesquisa e planejamento,
> CBS Television.

Da mesma forma, a ESPN percebeu que precisava encontrar uma maneira de medir o engajamento de seu consumidor nas suas várias plataformas de mídia. Como explica Ed Erhardt, presidente da divisão de *marketing* do cliente e vendas da ESPN e ABC Sports, "Os anunciantes estão reclamando e pedindo a suas agências de propaganda que providenciem soluções compatíveis com o modo como sua marca é consumida, sua mídia entregue e sua publicidade criada e então posicionada"[8]. Para atender a essa demanda, a ESPN está desenvolvendo em parceria com a Nielsen um novo modelo de medição de audiência que contemple a interação do consumidor com a TV, a banda larga e a mídia móvel.

Mesmo a Nielsen, a principal especialista em métricas de audiência televisiva, enfrenta uma nova pressão competitiva nos mercados em rápida mutação dos dias de hoje. Com efeito, a digitalização dos canais de comunicação está criando oportunidades de crescimento no âmbito da mensuração de mídia para novos *players* com espírito de ruptura. Como observou um investidor de Boston a respeito da pioneira em pesquisa de mídia, "Ninguém gosta de uma empresa com muito poder"[9].

Na verdade, o mercado da medição de mídia nos Estados Unidos tornou-se muito mais interessante desde o momento em que a TNS – uma das quatro maiores prestadoras de serviços de pesquisa do mundo – empenhou-se novamente em competir com a Nielsen. A empresa já tentara fazê-lo em meados da década de 1980, mas se viu forçada a retirar-se do mercado nacional. A partir daí, tornou-se uma eminente provedora de serviços de medição de audiência em 24 países espalhados pela Europa e pela Ásia.

Hoje, com os anunciantes à procura de análises mais granulares e acuradas do comportamento de mídia dos consumidores, a TNS está novamente se posicionando como alternativa à Nielsen no mercado norte-americano. É possível que desta vez ela obtenha êxito, por várias razões. Primeiro, a empresa ostenta profunda *expertise* na mensuração e análise de índices de audiência de comerciais, o que é essencial para a compra e venda da televisão nos mercados internacionais. Além disso, enquanto a Nielsen historicamente tem enfatizado a medição da programação, a expertise da TNS está arraigada na mensuração de comerciais – analisando o impacto do posicionamento, da composição e duração do *break*, das opções promocionais, da chamada da programação e mesmo do produto criativo. Finalmente, a TNS também firmou parceria com operadoras de TV a cabo e por satélite com vistas a utilizar seus dados de conversor, os quais fornecem monitoramento granular dos canais e anúncios – até os menores incrementos de tempo.

Os principais anunciantes têm de duas a cinco vezes mais chances de dispor das métricas e recursos necessários para avaliar os efeitos da nova mídia do que seus concorrentes menos bem-sucedidos.

É impossível predizer quem irá vencer essa disputadíssima corrida de métricas, mas certamente os anunciantes que utilizarem esses dados para aprender mais sobre os consumidores e melhorar seus retornos sobre investimento em *marketing* irão se beneficiar.

O PARAÍSO DO PAINEL DE CONTROLE

Inexorável é o ritmo com que têm surgido novas técnicas de medição, métricas e prestadores desses serviços. Com efeito, houve uma explosão tal, no âmbito da mídia e das métricas, que a médio prazo os profissionais de *marketing* estarão lutando para digerir uma fartura de dados. Essa condição tornou o apelo do painel* de *marketing* mais forte do que nunca.

Um painel de *marketing* é um instrumento para tomada de decisão que organiza as informações mais importantes e as métricas de marca fundamentais para que elas possam influenciar julgamentos. "Realmente focamos o painel de *marketing* com mais de 30 métricas que observamos trimestralmente", afirma Keith Pardy, vice-presidente sênior de *marketing* estratégico, gestão de marca e relacionamento com o consumidor da Nokia. "Estabelecemos alvos precisos para essas medidas e as consideramos holisticamente. Depois nos perguntamos: o que está acontecendo com nossos índices de preferência de marca? O que está acontecendo com nossa base de usuários? Atraímos novas pessoas? O que está acontecendo com nossa retenção? Quanto dinheiro estamos investindo em um *marketing* consertado em comparação com a mídia em pleno funcionamento?"

Os anunciantes com histórico em bases de dados e *marketing* de relacionamento estão entre os adotantes iniciais e os líderes no desenvolvimento de painéis de métricas para gerenciar seus negócios no ambiente sempre ligado. Mas muitos dessas empresas ainda têm de trabalhar para se sair bem nesse domí-

* N. de T.: *Dashboard*, no original.

nio, especialmente quando a balança de seu composto de mídia começa a pesar mais para o lado digital. Apenas cerca de 20% dos anunciantes investigados pela Booz Allen e pela Association of National Advertisers realmente possuem painéis de métricas funcionando e incluindo mídia digital. Essa minoria de líderes de mercado (como ilustrado no Quadro 4.5) também compreende as empresas cuja probabilidade de disporem das métricas e recursos necessários para avaliar a nova mídia é de duas a cinco vezes maior que a de suas concorrentes mais lentas. Como resultado, a maioria dos anunciantes terá de descontar esse atraso e determinar o *mix* de métricas que melhor reflita os impactos mais visíveis sobre suas vendas, rentabilidade e valor geral da marca.

Durante seu período de mais de quatro anos como diretora de *marketing* do Yahoo!, Cammie Dunaway reuniu um painel de métricas que "agrega o sucesso que vemos em cada campanha e o transforma num impacto comercial mais amplo". Ela explica: "Quando vim pela primeira vez para o Yahoo!, percebi quão fácil é tomar a floresta pelas árvores. Via pessoas com grande senso de responsabilidade pelo retorno de uma peça específica de e-mail, por exemplo, mas que não compreendiam tanto quanto deveriam de que modo aquele esforço contribuía para o bem-estar geral de nossos negócios".

Com o uso crescente dos painéis, pouco deve surpreender que a unidade de análise do Google esteja oferecendo painéis de publicidade a qualquer profissional de *marketing on-line* interessado. Utilizando os relatórios de métricas da empresa de busca, os profissionais de *marketing on-line* podem monitorar suas buscas pagas com um *mix* de índices, gráficos e outras métricas resumidas. Índices importantes para o monitoramento do progresso de uma campanha – itens como quociente de cliques, cliques totais, cus-

QUADRO 4.5 A corrida para as novas métricas da mídia

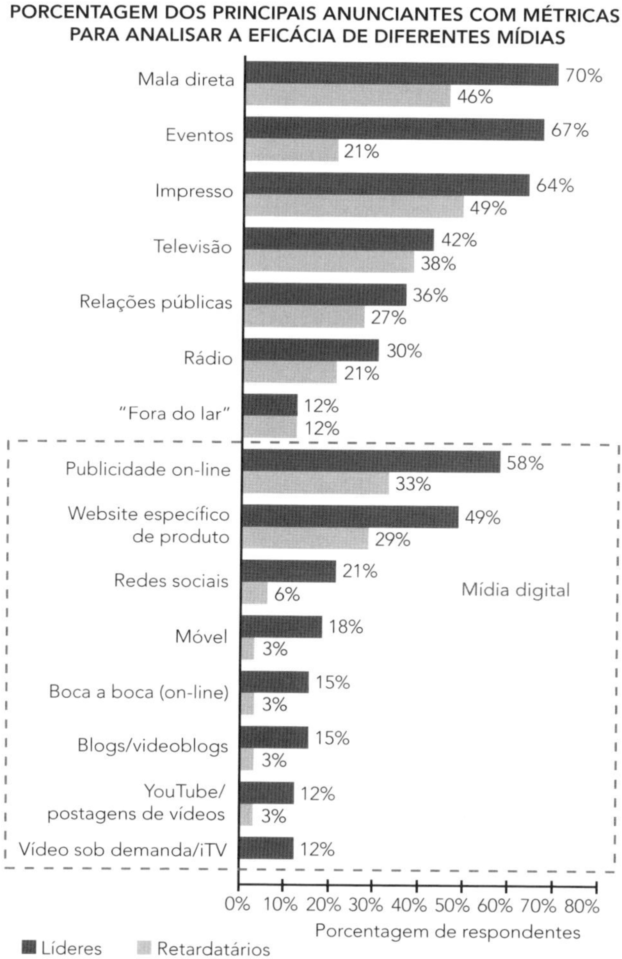

Fonte: Estudo de Marketing & Media Ecosystem 2010 e análise de Booz Allen Hamilton

to médio por clique e custos totais – são apresentados em tempo real. Além disso, é possível aos profissionais de *marketing* utilizar o serviço de painel do Google para comparar seus principais indicadores de desempenho com o desempenho dos concorrentes. A apresentação é clara, e a capacidade de fazer ajustes na campanha com base em métricas orientadas por painéis é eficiente. Aí pode estar um precursor da próxima geração de painéis de *marketing* orientados por mídia.

No Quadro 4.6 vemos como o painel do Google aponta os motores do impacto publicitário do *marketing* de busca: fontes de tráfego, uso do *site*, oportunidades de vendas e receita.

É evidente que as aspirações do Google vão além do serviço de busca. Seu foco nos painéis faz parte de uma estratégia cujo duplo propósito é tornar o *marketing* mais eficiente e posicioná-lo como a interface do profissional de *marketing*. Para tanto, em 2007 a empresa anunciou o plano de desenvolver um "painel de *marketing* plenamente funcional"[10], que agregaria o desempenho publicitário do anunciante nas mídias *on-line* e *off-line*.

QUADRO 4.6 Relatório de métricas – Google Analytics

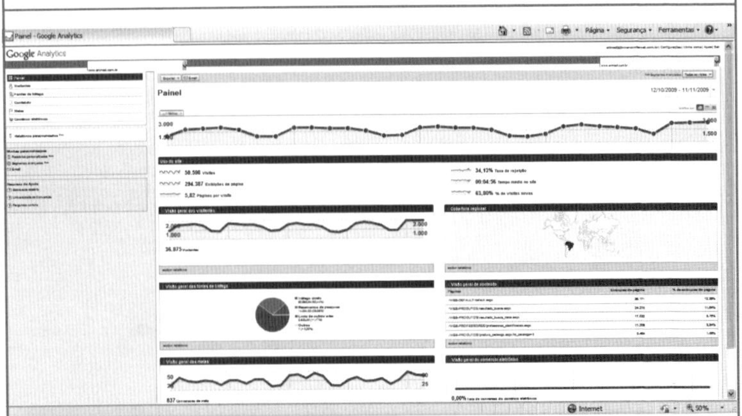

QUEM SERÁ A BLOOMBERG DA PROPAGANDA?

Em 1982, Michael Bloomberg deu início a uma revolução no setor de serviços financeiros. Ao fornecer a profissionais de finanças um conjunto novo de ferramentas, análises e dados, a Bloomberg L. P. transformou a maneira de Wall Street operar. Decisivo para essa transformação e para o desenfreado sucesso da empresa foi o modo como conseguia fazer com que blocos de dados complexos fossem mais fáceis de acessar, relatar, analisar e influenciar. Em termos específicos, a companhia criou um séquito "obrigatório" ao:

- Organizar e estruturar um *mix* de dados e informações patenteados e terceirizados
- Projetar ferramentas e análises em torno do fluxo de trabalho dos profissionais de finanças
- Sintetizar as métricas e os dados de mercado mais cruciais em apenas duas telas
- Enfatizar uma funcionalidade fácil de usar

Hoje, passados mais de 25 anos, os anunciantes e seus parceiros estão se fazendo muitas das perguntas que a Bloomberg conseguiu responder quase três décadas antes: onde posso encontrar informações confiáveis? Em quem posso confiar como fonte terceirizada? Que métricas e análises importam mais? Como cada dia que passa traz mais e mais dados obtidos de um número cada vez maior de ofertas, que ferramentas posso utilizar para selecionar desse aglomerado os *insights* de que mais preciso? E talvez o mais importante: qual é a maneira mais eficiente de aplicar essas informações e melhorar o retorno sobre meu investimento em *marketing*?

Praticamente da mesma maneira como as trocas de informações eletrônicas revolucionaram os mercados de obrigações e ações nos anos 1980, a digitalização é responsável pelo estímulo que mudará o modo de os anunciantes conhecerem a eficiência e a eficácia de sua propaganda. As empresas estão ansiosas por encontrar ferramentas capazes de ajudá-las a gerenciar e interpretar os dados de seu *marketing mix*, bem como ajudar seus parceiros a obter mais e melhores *insights* sobre como seus consumidores atuais e prospectivos estão se comunicando com suas marcas.

Será que há algum provedor de métricas preparado para ser a Bloomberg da propaganda? Por certo há muitos. Entre eles, *players* consagrados cujos recursos e *expertise* os tornariam prováveis candidatos: Google, Nielsen, Microsoft, SAP, IBM e TNS. Mas, com um prêmio tão rico em disputa, haverá também muitos empresários e investidores que verão oportunidades inerentes ao desenvolvimento de um meio mais eficiente de converter dados de consumo brutos em *insights* de *marketing* aplicáveis.

Na linha de frente do planejamento mercadológico, essas novas métricas significarão maior precisão para avaliar o comportamento do consumidor, objetivos mais afinados e menos perda orçamentária. Na retaguarda, os profissionais de *marketing* terão melhores condições de estimar até que ponto seus objetivos de marca foram preenchidos. Munidos dessas informações, eles poderão desenvolver medidas de aprimoramento, intensificar a P&D e trabalhar de forma mais eficaz com os consumidores como jamais fizeram no passado. Por sua vez, as empresas de comunicação terão a seu dispor as ferramentas necessárias para apreçar e projetar suas ofertas com mais eficácia, tomando por base um leque mais amplo de resultados e objetivos.

As métricas granulares, baseadas em resultados, que ensejarão essas mudanças serão os principais guias para a tomada de decisão dos profissionais de *marketing*, das empresas de comunicação e das agências de propaganda neste mundo sempre ligado. Tão logo saibam o que fazer com o conhecimento do que realmente funciona, eles poderão desencadear novos níveis de criatividade e *insights*, comunicar-se melhor com seus consumidores e fazer crescer seus negócios.

REFERÊNCIAS

- Ambler, Tim, *Marketing and the Bottom Line: The Marketing Metrics to Pump Up Cash Flow*, Financial Times, Prentice Hall, 2003.
- Dearlove, Des (ed.), *Results-Driven Marketing: A Guide to Growth and Profits*, strategy + business Books, 2005.
- Parris, Paul W., Neil T. Bendle, Phillip E. Pfeifer e David J. Reibstein, *Marketing Metrics: 50+ Metrics Every Executive Should Master*, Wharton School Publishing, 2006.
- Wrenden, Nick, *ProfitBrand: How to Increase the Profitability, Accountability, and Sustainability of Brands*, Kogan Page, 2005.
- Young, Antony e Lucy Aitken, *Profitable Marketing Communications: A Guide to Marketing Return on Investment*, Kogan Page, 2007.

- **Para mais recursos e informações atualizadas, visite www.businessfuture.com.**

5

DOS ANUNCIANTES PARA AS AGÊNCIAS DE PROPAGANDA: "MUDEM OU MORRAM"

Por muito tempo as agências de propaganda foram consideradas mestres incontestes das mensagens de marca, do planejamento de comunicações e da execução de mídia. Fosse qual fosse o desafio – lançamento, expansão ou reposicionamento de uma linha ou marca de produto –, elas constituíam o principal canal de comunicação dos anunciantes com os consumidores, bem como seu principal recurso para o desenvolvimento de estratégias de marca e execução publicitária. No entanto, as mudanças que atingiram o consumo de mídia e o comportamento de compra dos consumidores alteraram radicalmente a relação entre clientes e agências, especialmente no caso das agências responsáveis por campanhas amplas e multidimensionais.

De fato, os anunciantes de hoje esperam de suas agências parceiras muito mais do que jamais esperaram nos dias de glória da Madison Avenue. Eis alguns itens de sua lista de desejos:

- Campanhas integradas entre as plataformas de mídia e os canais de comunicação considerados mais importantes pelos consumidores

- *Know- how* em publicidade digital e *insights* sobre o comportamento de consumo, tendo em vista promover inovações mercadológicas de ponta
- Foco na mensurabilidade, alinhando gastos com *marketing* e propaganda a resultados comerciais, independentemente da plataforma
- Acesso irrestrito aos melhores talentos da agência, independentemente de onde estejam lotados ou do departamento ou unidade de negócios em que atuem

E, sim, os anunciantes ainda esperam um produto altamente criativo de suas agências.

Dado o estado das relações entre os anunciantes e as agências de propaganda, é evidente que essas expectativas não estão sendo atendidas. Em um recente estudo conduzido pelo CMO Council, grupo sem fins lucrativos composto por decisores seniores de *marketing* e marca, 64 % dos anunciantes consultados relataram ter dispensado ao menos uma de suas agências em 2006 – com as relações públicas, o projeto e desenvolvimento para Web e a propaganda figurando no topo do seu rol de áreas problemáticas. As razões das dispensas: "Desempenho precário, falta de estratégia e poder de fogo criativo, além de resultados insuficientes". Mais da metade desses mesmos anunciantes também revelou que no próximo ano espera fazer novas revisões em sua lista de agências[1].

O Gráfico 5.1 ilustra a natureza conturbada da relação entre os anunciantes e as agências de propaganda em 2006: em um único ano, cerca de dois terços dessas relações mudaram o curso.

Jerry DeVard, vice-presidente sênior de *marketing* e gestão de marca da Verizon Communications até o início de 2007, não mediu palavras ao avaliar o desempenho das agências: "Elas estão evoluindo com demasiada lentidão. Estão agarradas ao passado e tentando racionalizá-lo". Um número crescente de publicitários

Fonte: CMO Council, Marketing Outlook 2007

GRÁFICO 5.1 Rotatividade de agências, 2006.

concorda: "Os CMOs têm vociferado que querem algo diferente, mas sua mensagem só chegou filtrada às equipes de marca no ano passado", revelou-nos um chefe de agência em 2007. "O último ano foi um divisor de águas. O modelo de agência de propaganda do século XX simplesmente não funciona no século XXI."

Essa não é a primeira vez que o modelo de agência requer uma transformação. Se examinarmos as proposições de valor que conduziram a indústria da propaganda desde seu início, veremos que ela se reinventou a por diversas vezes, sempre saindo mais forte dessas experiências. No decorrer do processo, a cultura publicitária dominante passou por três etapas – jamais descartando as proposições de valor das etapas anteriores, mas sempre lhes acrescentando algo novo. E agora ela está abraçando uma quarta proposição.

A Proposição 1.0, que norteou as sete primeiras décadas da indústria da propaganda (dos anos 1880 até a década de 1950), consistia basicamente de uma proposição de vendas. A agência, na qualidade de representante dos anunciantes, prometia chegar aos consumidores – mediante a incipiente comunicação de massa (jornais, revistas, televisão) – com *slogans* claros e sensatos e mensagens práticas baseadas em testemunhos e recomendações. A mensagem para o consumidor era simples e direta: "Nosso produto tem o que você precisa".

Com a Proposição 2.0, desenvolvida durante a chamada "Revolução Criativa" dos anos 1960, agências como Leo Burnett, Doyle Dane Bernbach e J Walter Thompson puseram em prática uma forma de persuasão com mais nuances. Prometiam atrair os consumidores para as marcas valendo-se de uma combinação sedutora de *jingles*, endossadores da marca e textos inteligentes, desde que lhes fosse conferido o controle do processo mercadológico. "Nós intrigamos você, divertimos você, fazemos você pensar e se sentir bem. Lembre-se de nós. Confie em nós" – esse era o tom da comunicação das agências com os consumidores.

Embora a Proposição 2.0 fosse conhecida pela grande criatividade em que estavam focadas suas agências, a agência *full-service* original da Proposição 1.0 também prosperou – e mesmo expandiu-se – durante essa época. Como lembrou recentemente *sir* Martin Sorrell, presidente da WPP plc, segundo maior conglomerado de serviços de mídia e comunicação do mundo,

> Nos anos 1960, se você visitava... a JWT [então J Walter Thompson] em Berkeley Square, Londres, encontrava um departamento de criação, um departamento de *marketing*, um departamento de gerenciamento de contas, um departamento de mídia, um departamento de relações públicas. Havia também um departamento de *merchandising*, um departamento de mala direta, um departamento de embalagens, um departamento de produção gráfica, um departamento de RTVC, um departamento de pesquisa de mercado, um departamento de *checking*. Até mesmo um departamento de economia doméstica com duas cozinhas plenamente equipadas – mais um departamento de pesquisa operacional...[2]

Ao organizar sob um mesmo teto todos esses discrepantes departamentos, argumenta Sorrell, a agência podia oferecer aos clientes todos os serviços necessários para desenvolver e implementar a estratégia de *marketing* do começo ao fim.

Essa mesma lógica serviu de fundamento conceitual para a era das mega-agências – grandes conglomerados publicitários formados por uma série de aquisições e fusões –, iniciada nos anos 1980. O primeiro desses conglomerados foi a Saatchi e Saatchi (da qual o próprio Sorrell foi diretor financeiro entre 1977 e 1985). O caminho por ela trilhado serviu de roteiro para outras mega-agências, como a WPP, a Omnicom, a Interpublic Group e a Publicis. Essas organizações estavam empenhadas em criar a escala e a identidade que julgavam essenciais para servir a clientes multinacionais; assim, passaram a acumular agências de propaganda independentes e uma ampla variedade de empresas de serviços de *marketing*. E, à medida que consolidavam suas posições, começavam a controlar porções cada vez maiores do negócio da propaganda.

A transição para uma terceira proposição estava agora a caminho. Ela começou a ganhar velocidade nos anos 1980 e 1990, com os anunciantes exigindo das mega-agências especialização e globalização imediatas. À medida que o *marketing mix* tornava-se mais variado e as agências *full-service* eram obrigadas a apresentar maiores níveis de sofisticação e eficiência, elas começaram a "desmembrar" algumas ofertas. Isso possibilitava aos clientes escolher suas compras e planejamento de mídia criativa entre outros serviços, como em um *menu*. A função de planejamento e compra de mídia foi a primeira a ser desmembrada em um serviço autônomo. Enquanto isso, novas empresas especializadas surgiam em torno de áreas como *marketing* direto, relações públicas, promoções, *marketing* étnico, *marketing* de eventos e propaganda interativa.

A Proposição 3.0, em plena atividade no final da década de 1990, prometia aos anunciantes maior *expertise* numa base *à la carte*, onde quer que eles fizessem seus negócios. Eis o que ela lhes garantia: "Podem acreditar que o negócio da propaganda é o que há de melhor. Somos tão especializados quanto exige sua necessidade, em cada área". Enquanto isso, os profissionais de *marketing* avançavam para níveis maiores de integração – unindo as mídias tradicional e digital, ofertas *below* e *above-the-line*, bem como as funções de planejamento e criação. Em outras palavras, as agências especializadas não raro impunham a seus clientes níveis mais elevados de custos e complexidade. Além disso, suas soluções publicitárias eram frequentemente otimizadas para cada tipo de mídia e não se integravam o suficiente com outros elementos do *marketing mix*.

As mega-agências das Proposições 1.0 e 2.0 e as especializadas da Proposição 3.0 continuam a crescer. De 2000 a 2006, por exemplo, as receitas das cinco maiores agências do mundo cresceram em torno de 74,7 % (ver Gráfico 5.2). Mas nenhuma delas - nem as pequenas, nem as grandes - foram consistentes em mostrar que podem lidar de forma eficaz com as novas demandas dos anunciantes para o mundo sempre ligado.

Assim, com os anunciantes mais atentos à mídia digital, aos resultados mensuráveis e aos serviços integrados, a Proposição 4.0 começou a despontar. Ela lhes prometia relevância nos mais importantes pontos de contato com o consumidor. Além disso, aju-

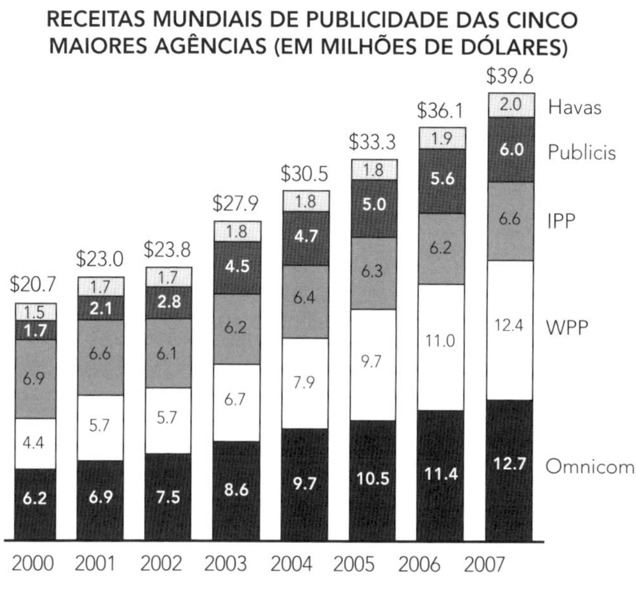

Fonte: Relatórios anuais da empresa

Nota: As receitas da WPP, da Publicis e da Hava foram convertidas em dólares americanos pela taxa de câmbio referente à metade do ano

GRÁFICO 5.2 Crescimento das mega-agências, 2000-2007.

dava-os a desenvolver não apenas sua propaganda, mas também seus negócios. É mensurável, interativa, integrada e segmentada. Aos consumidores e anunciantes, diz a Proposição 4.0: "Estamos todos no mundo uns dos outros. Quanto mais nos conhecermos, tanto mais úteis, relevantes e divertidos podem ser os produtos e serviços de *marketing* e propaganda".

Hoje quase todas as agências estão sob enorme pressão para reestruturar-se e implementar a Proposição 4.0. E algumas mega-agências e agências inovadoras de menor porte estão se apresentando para o desafio. No entanto, é preciso que a Proposição 4.0 seja inteiramente abraçada pela indústria da propaganda. E por um bom motivo: as exigências para a mudança não são incrementais, mas transformacionais.

OS OBSTÁCULOS À MUDANÇA

Qual será o motivo de as agências de propaganda estarem enfrentando problemas para fazer a transição para a Proposição 4.0? Muitas são as mudanças a assimilar: a nova importância do planejamento de mídia, a exigência de mensurabilidade e ROI em *marketing*, os desafios organizacionais implícitos em uma nova proposição de valor e o surgimento de uma nova onda de concorrentes.

A plataforma de planejamento de mídia

Muitas agências demoraram demais para reconhecer o quanto de seu real valor para os anunciantes mudou da "grande ideia criativa" e da "compra de mídia mais eficiente" para o "planejamento de mídia mais sofisticado e inovador". No mundo sempre ligado, as interdependências entre o meio e a mensagem nunca foram tão importantes. O planejador (*não* o criativo ou o comprador) tornou-se, de fato e de direito, a força motriz do *marketing* atual. É ele quem escolhe entre as diferentes plataformas de distribuição de mídia, quem garante que as execuções criativas sejam integradas nos pontos de contato certos e quem levanta *insights* sobre o comportamento de consumo no intuito de promover uma propaganda com mais relevância e impacto.

Um dos maiores desafios de muitas agências está no legado da Proposição 3.0, na qual o planejamento de mídia não era separado da criação. Mesmo quando elas identificaram essa mudança, seu tempo de resposta foi lento. Muitas agências pequenas focadas na criatividade ainda carecem da adequada capacidade de planejamento e dos recursos para fortalecê-la. Muitas agências de compra e planejamento de mídia, guiadas por um modelo de negócios baseado no volume e na rentabilidade, pouco investiram em novas abordagens de planejamento. No entanto, urge que reajam: seus clientes clamam por conselhos melhores sobre o impacto da mídia na eficácia da propaganda.

> “Atualmente, as agências de propaganda estão reconstruindo essa capacidade [de planejamento], reconhecendo que precisam ser mestres não apenas na criatividade da mensagem, mas na capacidade de comunicar-se com os consumidores. Elas sabem que, se os consumidores estão consumindo influência de maneira diferente e são influenciados de maneira diferente, acabarão marginalizadas caso não compreendam esse processo. Queremos uma capacidade de planejamento de comunicação holística com o consumidor.”
>
> —Rob Malcolm, presidente,
> *marketing* global, vendas e inovação,
> Diageo PLC.

Muitos anunciantes – impressionantes 76%, segundo recente estudo conduzido pela parceria Booz Allen/Association of National Advertisers – têm a impressão de que a criação e o planejamento de mídia precisam ser reintegrados. E há quem defenda abertamente uma nova prioridade de planejamento dentro da própria comunidade das agências. Como observa Shelly Lazarus, presidente e CEO da Ogilvy & Mather, "É a parte do planejamento que precisa voltar ao ponto onde o pensamento inicial está sendo elaborado"[3].

A exigência de mensurabilidade

A exemplo de seus clientes, as agências de propaganda estão lutando para compreender a eficácia das despesas de *marketing*. Durante anos muitas delas hesitaram em investir nas novas técnicas de mensuração, pesquisa e análises de ROI necessárias para melhor demonstrar aos clientes a eficácia de suas campanhas. Hoje, apesar das pressões de custo que desafiam sua economia, elas não têm outra escolha senão fazê-lo. É uma exigência dos anunciantes.

Olaf Göttgens, vice-presidente de comunicações de marca, a respeito dos esforços mercadológicos feitos na Mercedes-Benz Passanger Cars, afirma: "Só há um indicador que realmente conta: a quantidade de dinheiro gasta no *marketing* de cada carro comprado".

A exigência de mensurabilidade e retorno sobre o investimento também está vindo dos executivos de compras de *marketing* e não raro do diretor financeiro. Por anos a função de compras corporativas vem exercendo um controle maior sobre as despesas de *marketing* e as relações com os fornecedores. Para as agências, a crescente proeminência da compra direta do fornecedor no processo de vendas gerou novas barreiras, reforçou a ênfase na obtenção de "mais por menos" e converteu muitos relacionamentos com o cliente conquistados a duras penas em uma competição aberta de solicitação de propostas (RFP).

O Quadro 5.1 ilustra em que medida os profissionais de *marketing*, que enfrentam pressões crescentes para medir e demonstrar a eficácia de seus gastos, estão passando essa pressão para suas agências.

Desafios organizacionais

A transição para a Proposição 4.0 impõe enormes desafios organizacionais às agências de propaganda, sobretudo às mega-agências. A proposição exige-lhes reinventar sua estrutura e suas ofertas de ingresso no mercado (*go-to-market*), bem como descobrir como criar ligações mais sólidas com os principais consumidores de seus clientes. Ao fazê-lo, elas devem repensar seus métodos tradicionais de abordar o gerenciamento de talentos, os mecanismos de compensação e o gerenciamento de conta.

Muitas agências viram-se frustradas por seus próprios sistemas internos. Entre os problemas mais comuns estão sistemas de

QUADRO 5.1 A crescente demanda por eficácia mercadológica

A PRESSÃO PARA DEMONSTRAR EFICÁCIA MERCADOLÓGICA AUMENTOU NOS ÚLTIMOS TRÊS ANOS?

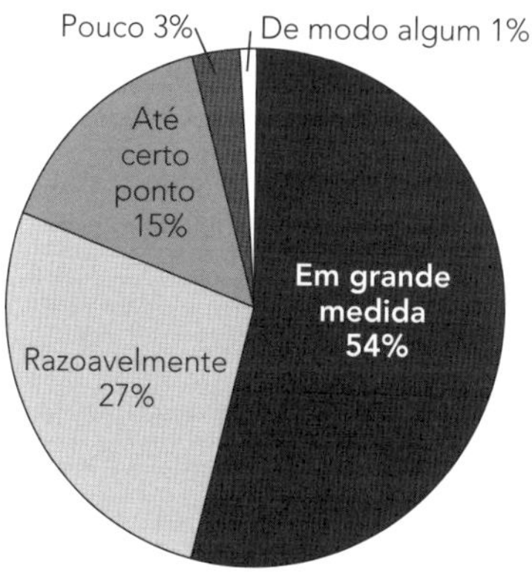

Fonte: Análise de Booz Allen Hamilton

gerenciamento de talentos e de compensação que, enfatizando o desempenho individual das unidades de negócios, estimulam as divisões competitivas que ainda vigoram nas mega-agências. Além disso, há os processos orçamentários que acirram as disputas internas por financiamento entre as unidades de negócios.

Os obstáculos internos à mudança se mostram ainda mais complexos quando levamos em conta as grandes distâncias geográficas e as muitas unidades de negócios de marcas diferentes coexistindo nas mega-agências. De fato, nessas *holdings* as aquisições costumam ser empilhadas umas sobre as outras, e problemas internos de infraestrutura, direitos de decisão e gerenciamento de mudança nunca são inteiramente resolvidos.

Para essas empresas, as transições necessárias para passar da independência à colaboração e daí à integração ainda são um enorme desafio. Como explica Martin Sorrell, da WPP, "O maior problema que afronta nossos clientes – e que nós da WPP enfrentamos internamente – é a incapacidade de as pessoas trabalharem juntas. Se na sua organização há duas pessoas, você tem um problema de coordenação; agora, quando são 97 mil, dá para imaginar o pesadelo que é, especialmente pela estrutura"[4].

A urgente necessidade de talento constitui por si só um obstáculo interno. A verdade é que as agências – quer grandes, quer pequenas – não têm atraído o nível e a quantidade de talento necessários para responder aos anunciantes e aos consumidores na Proposição 4.0.

Por décadas elas se fiaram na promessa de um trabalho atraente, pautado pela criatividade, como principal chamariz de talentos, mesmo em face da remuneração relativamente baixa que ofereciam. Hoje, no entanto, os jovens que ingressam no mercado de trabalho têm muito mais possibilidades de encontrar o mesmo tipo de satisfação profissional em outros lugares. E, ao que parece, as agências estão perdendo a mais recente batalha pelo talento: os mais capazes entre os jovens executivos de hoje, em vez de considerar a propaganda tradicional como horizonte de carreira, estão sendo contratados por empresas digitais, empresas de comunicação, firmas de consultoria e empresas de *software*, sem falar na ampla variedade de empresas iniciantes. Pode-se afirmar que uma carreira de sucesso na área da propaganda é mais provável de se encontrar dentro do complexo Google ou nas garagens do Vale do Silício do que na Madison Avenue.

Essa maior competição por talentos, tanto gerenciais quanto criativos, gerou um déficit de habilidades que deixou as agências vulneráveis em várias frentes cruciais. Sem acesso a *insights* digitais mais qualificados, elas estão ameaçadas de perder grandes oportunidades comerciais de crescimento para as equipes de especialistas e os concorrentes *experts* em tecnologia – problema que irá se agravar à medida que os anunciantes destinarem porções maiores de seus orçamentos a novos veículos de mídia, como a banda larga e a comunicação móvel. Na falta de poder analítico e talento estratégico de ponta, oriundos geralmente dos principais programas de MBA, as agências também terão o desafio de prestar serviços de consultoria para os altos executivos de seus clientes.

Há uma escassez de talento semelhante na sucessão de lideranças de muitas agências. Nas de grande porte, os redatores publicitários e diretores de arte de nível sênior permanecem na sua maioria como imigrantes, e não nativos do mundo digital. As habilidades que desenvolveram e aperfeiçoaram para a televisão e a mídia impressa não se transferem facilmente para redes sociais, *videogames*, telefones celulares e assemelhados.

"A maior lacuna é a de líderes seniores com experiência digital", observa o executivo de uma agência. "Para oferecer orientação, nosso pessoal de criação precisa de uma experiência digital relevante. E eles não a têm." Essa falta de experiência digital também não é segredo para os profissionais de *marketing*. Em estudo realizado pela Evalueserve for Sapient, uma agência interativa global, constatou-se que apenas 10% dos CMOs consultados no Reino Unido e nos Estados Unidos relataram que "procuravam firmar parceria com grandes agências de propaganda para seu *marketing on-line*"[5].

> **Das turmas de MBA de Kellogg,** Columbia, Wharton, Stanford e Harvard de 2006, menos de 1% dos diplomados entraram para a indústria da publicidade; 5% assinaram com empresas de serviços de mídia ou de Internet, 6% com empresas de bens de consumo e 26% com empresas de consultoria gerencial.

OS PERSUASORES DIGITAIS E SUAS ARMAS DE RUPTURA EM MASSA

O último e talvez o maior dos desafios enfrentados pelas agências de propaganda no emergente ambiente da Proposição 4.0 diz respeito aos novos e agressivos concorrentes que despontaram no mercado. De fato, há um grupo numeroso de empreendimentos digitais que identificaram no setor de US$ 600 bilhões da propaganda global uma significativa oportunidade de crescimento.

Embora cada uma dessas empresas tenha sua própria agenda estratégica, todas compartilham uma visão: reconhecem que a propaganda está avançando para soluções mais digitais, automatizadas, segmentadas, customizadas, orientadas por dados, produzidas em tempo real, interativas e mensuráveis. Em suma, estão cientes de que o futuro da publicidade está mais ligado às interfaces do usuário e aos algoritmos dos engenheiros de *software* do que às habilidades e práticas dos executivos das tradicionais agências de propaganda.

Com suas ofertas e aquisições inovadoras, grandes *players* focados em tecnologia, como Google, Yahoo!, Microsoft e AOL representam uma ameaça real à hegemonia das agências. São empresas acostumadas a mover-se em alta velocidade. Em busca de escala global, elas dispõem de recursos analíticos e tecnológicos que vão muito além do escopo da maioria das agências. Além disso, estão construindo depósitos virtuais repletos dos dados e *insights* sobre o consumidor que tanto apetecem os anunciantes. E o que é ainda mais significativo: estão desenvolvendo plataformas completas (*end-to-end*) de propaganda digital centradas em servidores de anúncios (*ad-servers*), como o Atlas e o DoubleClick. Um exemplo desse novo tipo de cadeia de valor do *marketing* de mídia digital é apresentado no Quadro 5.3. Esses tipos de operadores colocam os servidores de anúncios (em vez das agências) no primeiro plano estratégico. Com isso pretendem:

- Desenvolver relacionamentos diretos com os anunciantes e os profissionais de *marketing*
- Determinar como a economia publicitária (as comissões, por exemplo) é compartilhada entre os participantes
- Gerenciar o modo como os anúncios são colocados e comprados
- Criar *insights* profundos, baseados em dados, sobre o real comportamento dos consumidores

O Yahoo! e a AOL já mostraram disposição e competência para ditar o ritmo das ofertas nas seguintes áreas: *rich media* customizável, como os Smart Ads do Yahoo!; sistemas de *targeting* comportamental, como o Blue Lithium do Yahoo! e o Tacoda da AOL; e redes e bolsas de publicidade, como o Advertising.com da AOL e o Right Media do Yahoo!. Mas é a batalha de igual para igual entre a Microsoft e o Google pelos ativos publicitários, pelas inovações tecnológicas e pelos talentos gerenciais que terão maior impacto na indústria da propaganda.

QUADRO 5.3 Cadeias de valor do *marketing* de mídia analógica X mídia digital

Fonte: Deutsche Bank, Booz Allen Hamilton

Considerando que o Google possui receitas anuais próximas de US$ 17 bilhões e 34% de participação de mercado sobre toda a propaganda *on-line* mundial, custa crer que a empresa tenha começado a vender publicidade baseada no sistema de busca apenas em 2000 e que só tenha aberto seu capital em 2004. Hoje, ela vende mais publicidade *on-line* do que qualquer outra companhia do mundo.

O modelo de busca paga do Google, cuja ênfase está em fisgar os consumidores em "modo de compra" e em oferecer métricas de mensurabilidade, conseguiu captar o *zeitgeist** da mídia e atrair

* N. de R.T.: Tendências morais e intelectuais de uma dada época.

profissionais de *marketing* de empresas de todos os tamanhos. Sua abordagem comparativamente barata, facilidade de uso (não há nada complicado nos anúncios de texto) e usabilidade para comprar e gerenciar inserções *on-line* trouxeram muitos milhões de dólares novos para o mercado da propaganda *on-line* – dinheiro que também migrou da mídia tradicional.

Como ilustrado no Gráfico 5.2, as receitas de publicidade do Google cresceram assombrosos 432% entre 2004 e 2007 (taxa composta de crescimento anual de 74,6%). Como se não bastasse, a empresa captou dois terços das verbas destinadas à publicidade de busca e um terço de toda a publicidade *on-line*.

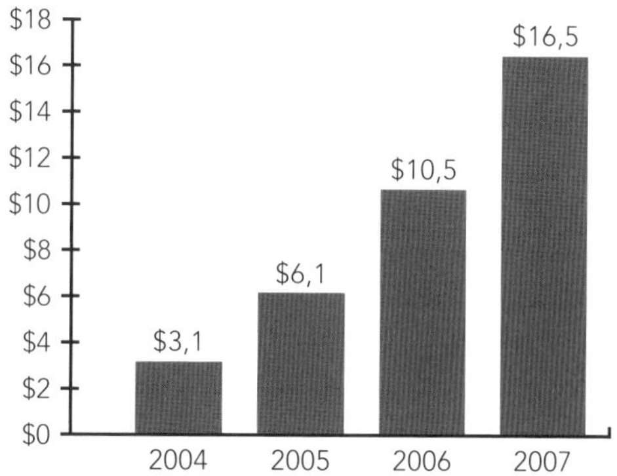

	2004	2005	2006	2007
Participação do Google sobre receita de publicidade (US$)	55%	60%	66%	75%
Participação do Google sobre receita de publicidade *on-line* global (US$)	21%	28%	34%	40%

Fonte: Google, eMarketer, Piper Jaffray, Reuters, Booz Allen (análise)
Nota: Estimativa de 2007 do Google com base em análise de estimativa consensual do FY2007 da Reuters

GRÁFICO 5.2 Receita de publicidade e participação do Google (bilhões de US$), 2004–2007.

Procurando construir uma posição ainda mais formidável, o Google está avançando em quatro direções simultaneamente ao:

- Usar suas aquisições – como a compra de US$ 3,1 bilhões do DoubleClick, em abril de 2007, e a de US$ 1,7 bilhão do YouTube, em outubro de 2006 – para estabelecer uma presença mais forte na modalidade de anúncios *display* ou *banner* e na *rich media* – os formatos de propaganda que podem ser baixados ou embutidos em uma página Web.
- Lançar formatos inovadores como as unidades de vídeo do YouTube e os Gadget Ads, aplicativos portáteis que podem ser customizados e dotados de *feeds* RSS, vídeo e animação para tornar os veículos *on-line* mais atrativos aos consumidores e mais úteis a seus patrocinadores.
- Oferecer métricas e *insights* que favorecem a mensurabilidade do *marketing* mediante investimentos contínuos no sistema Google Analytics, que provê os *dashboards* e métricas necessários para aumentar o ROI das campanhas de busca, e no Google Trends, que oferece *insights* sobre o consumidor baseados no uso de termos de busca.
- Agitar e pressionar por mais "abertura" nos conteúdos e aplicativos móveis, na esperança de acelerar o crescimento da propaganda móvel e, dentro dela, a proeminência da busca.

Ao mesmo tempo, o Google está ativamente empenhado em "googlelizar" a mídia tradicional – de maneira mais disruptiva na indústria de US$ 60 bilhões da televisão norte-americana. Embora a empresa tenha feito experiências com rádio, jornais e revistas, seus testes com a Dish Network da Echostar e com operadoras de TV a cabo locais merecem a atenção de todos os que se preocupam com o futuro da propaganda.

O objetivo da experiência com a Echostar é mostrar que o modelo de anúncios do Google – determinação de preços pelo sistema de leilão, *targeting* focado e relatórios de resultados em tempo real – pode tornar a TV um veículo mais valioso para os anunciantes. Nesse teste, o Google fornece interface, mercado e *insights*. Todos os elementos do modelo de propaganda pertencente ao programa Echostar têm implicações para os setores de publicidade e mídia. A abordagem de leilão confere transparência à precificação e automatização à compra e venda dos comerciais televisivos. O Google provê ainda métricas que indicam quantos consumidores assistem de fato aos comerciais, fazendo a moeda da mídia mudar dos índices de audiência de programas para os de comerciais. Os anunciantes, por sua vez, podem tirar proveito dos *insights* daí resultantes para determinar se seus anúncios estão sendo assistidos. A implementação desses índices mais granulares de audiência de comerciais do Google poderia introduzir mudanças radicais não apenas no planejamento dessa mídia (o processo pelo qual os programas são selecionados pelos anunciantes e suas agências), mas também no modo como a criatividade é avaliada e desenvolvida (com base em métricas mais diretas que revelem quando os clientes estão mais propensos a "ficar sintonizados").

De tempos em tempos, a gigante dos sistemas de busca emite declarações conciliatórias sugerindo não ter a menor intenção de entrar para o ramo das agências de propaganda. No entanto, a empresa permanece como a maior ameaça à intermediação das agências, e poucos duvidam de que pretenda mudar a paisagem do setor. Como observou o CEO Eric Schmidt no *Wall Street Journal*, dirigindo-se aos anunciantes, "Nossa fantasia a longo prazo é nos aproximarmos de vocês, vocês nos darem, digamos, US$ 10 milhões e nós alocarmos todo esse montante em diferentes mídias e tipos de anúncios"[6].

A Microsoft também almeja a liderança da indústria da publicidade, garantindo publicamente que a propaganda contribuirá com "25% dos negócios da empresa nos próximos anos"[7]. Assim, a Microsoft estabeleceu a meta adicional de, durante os próximos três a cinco anos, tornar-se a número dois e por fim a número um da publicidade *on-line*. Sua visão estratégica da propaganda parece estar assentada em três convicções, a saber: o mercado publicitário acabará inteiramente digitalizado; um modelo baseado em propaganda é o mais adequado para os negócios digitais, em contraste com o modelo apoiado por assinatura ou *pay per use*; e mesmo o segmento de *software* – principal negócio da empresa e sua maior fonte de receita – poderá um dia ser oferecido lucrativamente como um serviço patrocinado. A Microsoft acredita na necessidade de possuir uma daquelas poucas plataformas globais de propaganda digital (o Google certamente sendo uma das outras) que provavelmente serão privilegiadas tanto pelos anunciantes quanto pelos geradores de conteúdo.

Em 2007, a Microsoft provou seu compromisso com o futuro da propaganda ao investir mais em aquisições relacionadas à publicidade do que em P&D como um todo. Em maio do mesmo ano, a companhia realizou a maior de suas aquisições, desembolsando US$ 6 bilhões pela aQuantive, Inc. O preço representava uma valorização de cerca de 85% do patrimônio da aQuantive, mas, após a aquisição do DoubleClick pelo Google, o negócio foi visto por muitos como um movimento estratégico fundamental para a Microsoft.

A aQuantive contribuiu com três grandes ativos que rapidamente se tornaram importantes elementos incrementais do portfólio de publicidade da Microsoft:

- *Atlas*, uma plataforma integrada de veiculação e gerenciamento de campanha, que possibilita à Microsoft vender publicidade para outros *sites* que não os seus, bem como oferecer-lhes vídeo e *rich media*
- *Drive PM*, uma rede de publicidade que melhora a capacidade da Microsoft de oferecer aos anunciantes uma gama maior de opções de conteúdo

- *Avenue A | Razorfish*, uma renomada agência de publicidade digital que fornece à Microsoft maior acesso de médio prazo às necessidades do anunciante e *insights* sobre elas, bem como *expertise* em contas digitais

O portfólio da Microsoft inclui ainda o Windows Live (serviços e *softwares* pessoais de Internet), o MSN.com (o portal) e o Microsoft AdCenter, a plataforma de propaganda *on-line*. Em 2007, a empresa voltou-se ainda mais para o setor em grande crescimento das redes de publicidade, com a aquisição da AdECN, uma bolsa de leilões de *display advertising*. No mesmo ano, adquiriu a Screen Tonic, empresa francesa especializada na oferta de anúncios baseados em localização para aparelhos móveis. Esse último serviço complementa as posições da Microsoft em outras plataformas de publicidade emergentes com alto potencial de crescimento, como os *videogames*.

A empresa também agiu decisivamente para adquirir 1,6% de participação no Facebook, superando a oferta do Google. Ainda que a médio prazo esse investimento de US$ 240 milhões conferisse à Microsoft pouco mais que o direito de vender internacionalmente o restante ou "sobra" dos espaços publicitários do Facebook, ele ligou a empresa diretamente ao mais dinâmico *player* das redes sociais – um "sistema operacional" em megaexpansão, baseado na Internet e voltado para o público mais jovem, com extraordinário potencial para ser aplicado em propagandas, mensagens, *videogames* e mapeamento. No mais, com US$ 22 bilhões em espécie no seu balanço financeiro e claras aspirações à liderança do mercado global, parece provável que a Microsoft vá futuramente centrar-se ainda mais nas aquisições baseadas em publicidade[8].

CAMINHOS PARA A PROPOSIÇÃO 4.0

Apesar dos desafios e da nova competição presentes na Proposição 4.0, ainda são amplas as oportunidades para as agências que pretendam sobreviver e lucrar na era sempre ligada. Na verdade,

A VIA DE ACESSO DIGITAL A CONTEÚDOS CRIATIVOS

Precisando de uma ideia criativa? Aqui estão duas alternativas inovadoras às tradicionais agências de propaganda:

- A *Spot Runner*, baseada em Los Angeles, oferece um banco de vídeos composto por milhares de comerciais customizáveis ideais para as estações de TV locais de hoje e para os vídeos, VODs e o IPTV de amanhã. Ao produzir peças de baixo custo (um comercial em vídeo da Spot Runner custa cerca de US$ 500), a empresa espera tornar a publicidade televisiva acessível às muitas empresas de pequeno porte sem condições de arcar com os custos de produção da TV aberta. E a exemplo de uma agência *full-service*, a Spot Runner presta serviços de ponta a ponta, gerenciando para seus clientes o plano de mídia, a compra de publicidade e os relatórios de campanha.
- O *Openad.net* é um mercado digital baseado na Eslovênia que oferece a anunciantes em busca de ideias para propaganda e *design* acesso a uma rede internacional formada por cerca de 9 mil criativos, incluindo *freelancers* e profissionais de agências. A abordagem barata, sem atritos e sem fronteiras utilizada pelo Openad.net na contratação de talentos criativos não atrai apenas anunciantes com orçamentos acanhados. Em 2007, a Gillette recorreu ao *site* para solicitar ideias publicitárias a criativos de mais de 21 países, antes de decidir-se pela Live 1, uma agência indiana. Posteriormente, a empresa retornou ao Openad.net em busca de ideias para traduzir o conceito criativo da Live 1 ("Ela sabe a diferença") em execuções para TV, veículos impressos, promoções e mídia digital[9].

as lições das agências empenhadas em transformar seus negócios nos dão algumas pistas de como será a indústria da propaganda no futuro próximo. A seguir, apresentamos quatro agências cujas estratégias e abordagens merecem consideração:

1. WPP, agência global que avança agressivamente rumo a tecnologias e serviços não baseados em publicidade
2. Publicis/Digitas, outra empresa global, que está industrializando e globalizando a produção de anúncios digitais
3. Crispin Porter + Bogusky, agência baseada em Miami Beach, que está reinventando a criação para a mídia digital
4. Naked Communications, agência com sede em Londres, que está construindo seu próprio nicho global ao centrar-se em estratégia de mídia e planejamento de comunicações de mídia.

WPP

Até a presente data, a WPP, com seus £5,9 bilhões de receita em 2006, é talvez a mega-agência que mais agressivamente transformou-se para a Proposição 4.0. Há muito a empresa vem sendo uma consolidadora – colecionando agências famosas, como a JWT em 1985, o Ogilvy Group em 1989, a Y&R em 2000, a Cordiant em 2003 e a Grey em 2005 – e, ao que parece, está empenhada em uma estratégia de aquisições a médio prazo. Nesse processo, a WPP expandiu-se em escala global, dando passos na China, na Índia, na América Latina, no Oriente Médio e no Leste Europeu – todas regiões em que os investimentos em *marketing* tendem a acelerar-se à medida que sejam fortalecidas as condições econômicas.

Ao mesmo tempo, mediante uma série de aquisições menores e investimentos, a WPP vem ampliando seu *menu* de serviços mercadológicos, particularmente em *marketing* direto, promoções, *marketing* de relacionamento, relações públicas, pesquisa de mercado, *marketing* de eventos e outras comunicações especializadas. Em 2006, esses serviços contribuíram com 53% de sua receita, cifra que a empresa almeja elevar para 67%[10].

Até aqui, a maior reposta de *sir* Martin Sorrell à ameaça do Google e à esperança do futuro da propaganda foi a aquisição de US$ 650 milhões da 24/7 Real Media, em maio de 2007. A transação colocou a WPP diretamente nos setores de redes de publicidade e servidores de anúncios – e numa disputa de igual para igual com o Google/DoubleClick e a Microsoft/aQuantive. Além disso, a 24/7 Real Media trouxe para a WPP valiosa *expertise* em *targeting* comportamental, *rich media*, *marketing* de busca e gerenciamento de campanha. A aquisição representava um movimento decisivo para a WPP, visando à obtenção da tecnologia, das habilidades de inovação e dos dados aparentemente indispensáveis para um futuro digital sempre ligado.

Além disso, a WPP desenvolveu um portfólio considerável de posições minoritárias numa série de negócios digitais. Enquanto escrevíamos este livro, a empresa realizou investimentos em publicidade voltada para usuários de vídeo por intermédio da Visible World, da VideoEgg e da Spot Runner; em mídia social, pela Live World e pela Visible Technologies; em mídia móvel, pela JumpTap, pela Iconmobile e pela m:metrics; em mídia interativa, pela Blue, pela Schematic, pela Refinery e pela Blast Radius; e em propaganda em *videogames*, pela Wild Tangent. Cada um desses investimentos representa para a mega-agência uma oportunidade de experimentar (e moldar) novas plataformas de publicidade, bem como desenhar um caminho para uma posição majoritária quando e se essas promessas se materializarem.

Mediante aquisições totais e investimentos em mais de 100 empresas, a WPP (Figura 5.1) converteu-se em uma mega-agência com mais de 2 mil escritórios fazendo negócios em 106 países.

Por fim, a WPP trabalha para enfrentar os problemas de gerenciamento de talentos que têm incomodado a indústria procurando oferecer aos anunciantes um serviço mais integrado e estratégico. A mega-agência tem feito experiências com equipes de conta de unidades de negócios cruzadas que reúnem os recursos necessários

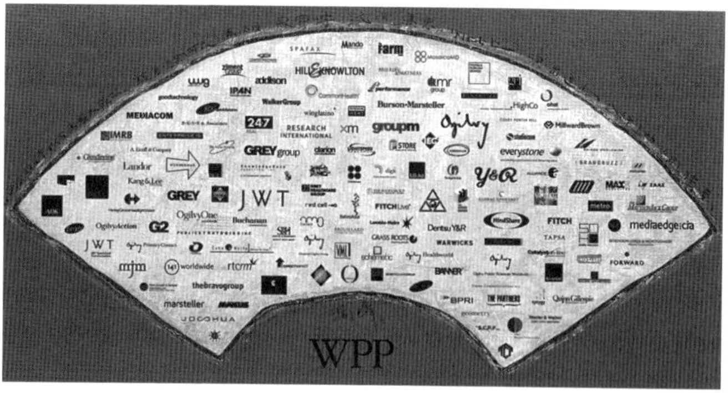

Fonte: Relatório anual de 2006 da WPP

FIGURA 5.1 WPP – a agência *full-service* na proposição 4.0.

para melhor servir a um cliente a partir de todas as várias empresas do grupo (tome-se o exemplo da Team Vodafone, que compreende cerca de 30 agências da WPP, incluindo a Enterprise e a JWT).

Para recrutar os melhores e os mais brilhantes talentos, a WPP criou um programa de bolsa de estudos em *marketing* destinado a atrair os principais valores dos cursos de MBA. Esses estudantes são convidados a passar três anos atuando alternadamente entre as empresas do grupo – um ano em cada empresa –, durante os quais são orientados por altos executivos, entre eles membros da diretoria. O objetivo: desenvolver gerentes de alto escalão capazes de atuar em diversas disciplinas de *marketing*. "A WPP", garante Sorrell, "é a única empresa de nosso setor a fazer isso."[11]

Publicis/Digitas

Por volta de 2006, a realidade da Proposição 4.0 já havia atingido em cheio o Publicis Groupe, baseado em Paris. A falta de *expertise* digital da mega-agência era vista como uma importante deficiência. Como explicou ao *New York Times* o CEO Maurice Lévy, "O que estamos vendo é uma transferência maciça dos investimentos da mídia tradicional para a Internet"[12]. Em dezembro do mesmo ano, a Publicis reagiu com a compra da empresa norte-americana Digitas, especializada em *marketing* digital, por US$ 1,3 bilhão.

A Digitas é ela própria um bom exemplo de como as agências podem remodelar-se para atender aos novos desafios e oportunidades do mundo sempre ligado. Formada em 1999, a empresa nasceu da fusão entre a Bronner Slosberg, grande empresa de *marketing* direto dos Estados Unidos, e o Strategic Interactive Group, empresa de *marketing* interativo. Convertida desde cedo à Proposição 4.0, a nova empresa estava voltada para o *marketing* direto, com ênfase no *marketing* de banco de dados, na gestão do relacionamento com o cliente e no *marketing on-line*.

Com a progressiva expansão da publicidade *on-line*, a Digitas estava pronta para reagir. Servindo-se de seu modelo de *marketing* direto como alicerce, a empresa criou uma plataforma baseada em *dashboard* que decompunha os anúncios *on-line* em elementos mensuráveis e determinava que preços funcionavam melhor para audiências específicas. Além disso, criou a plataforma Active Brand Experiences, que utiliza dados pessoais dos consumidores, como idade e localização, para compor diferentes mensagens a cada vez que eles veem um produto ou serviço, desde a primeira exposição até o momento da compra.

Com serviços como esses, a Digitas atraiu notáveis clientes, que incluíam American Express, Best Buy, Delta Airlines, General Motors e Allstate. Tendo resistido melhor ao colapso do mercado publicitário *on-line* em 2001 do que outras butiques interativas, em 2004 a empresa adquiriu a Modem Media, outra agência digital de criativos, e, em 2006, a Medical Broadcasting LCC, agência de comunicações de saúde. À época em que a Publicis começava a lhe fazer a corte, no final de 2006, a Digitas havia promovido com tamanho êxito o casamento entre criação baseada em tecnologia

– para *websites*, promoções *on-line*, *e-mails*, *rich media* – e um foco consistente em métricas baseadas em resultados que se transformara numa das maiores agências digitais independentes dos Estados Unidos.

Para a Publicis, a Digitas representa um componente crucial de sua estratégia de industrializar a criatividade digital e desenvolver execuções criativas com boa relação custo-benefício e escala suficiente para múltiplas plataformas (TV, impressos, aparelhos móveis e banda larga). O negócio com a Digitas serve também de catalisador para o estabelecimento de uma linha de produção digital global mediante mão de obra estrangeira, de baixo custo, em países como Ucrânia, Costa Rica, Índia e China. Posteriormente, a Publicis adicionou a seu portfólio o Communications Group, a maior agência digital da China, e rebatizou-o Digitas Greater China.

Enfim, a aquisição da Digitas pela Publicis oferece uma perspectiva diferente de como uma mega-agência pode prosperar na era sempre ligada. Ao contrário da WPP, que optou por competir diretamente com o Google e a Microsoft, a Publicis está trilhando um caminho diverso. Como explicou Maurice Lévy, "[O Google] terá de escolher entre ser um veículo de mídia ou uma agência de propaganda, e creio que seu interesse estará em ser um veículo de mídia. Trabalharemos com eles assim como trabalhamos com a CBS, a ABC, a Time Warner ou qualquer outro grupo de mídia"[13].

Crispin Porter + Bogusky e a Naked Communications

Se você ficou com a impressão de que apenas as mega-agências podem competir no mundo sempre ligado, considere então o caso de duas agências menores que provam que tamanho é menos importante do que um conjunto relevante e imaginativo de serviços publicitários. Uma delas é a Crispin Porter + Bogusky, de Miami, cujos clientes incluem Volkswagen da América, Burger King, Coca-Cola, American Express e Nike; a outra é a Naked Communications, com sede no Reino Unido, em cuja clientela figuram nomes como Marks & Spencer, Heineken e Honda.

Nenhuma dessas agências descreve a si mesma em termos tradicionais. "Somos uma fábrica", diz o *website* da Crispin, "uma fábrica que produz anúncios." Já a Naked destaca ser uma agência de "*planejamento* de comunicações" – com ênfase acentuada e distinta em estratégia e planejamento de mídia.

A Crispin se refere à sua propaganda e a suas várias ferramentas de comunicação como "produtos", tendo rebatizado sua gestão de conta como "gestão de conteúdo". Embora muitas concorrentes consolidadas rejeitem a agência, considerando-a capaz de atuar somente em uma área, os anunciantes costumam vê-la como um *flashback* modificado da Proposição 2.0: uma agência *full-service* criativa e inovadora, com oferta de planejamento e compra de mídia, pesquisa, relações públicas e serviços de produção.

A sedutora corte da Crispin à Burger King (BK) – um cliente imponente que uma agência de seu porte provavelmente não tinha o direito de cortejar – é um exemplo notável de sua eclética abordagem. Em seu primeiro encontro com a gigante do setor de *fast-food*, os sócios da Crispin sugeriram à BK converter suas toalhas de bandeja em veículos publicitários, bem como mudar a sinalização de seus restaurantes. Antes de lançar uma ideia publicitária tradicional, a equipe da Crispin também reescreveu o manual do empregado da BK, para mostrar como uma mensagem consistente pode ser persuasiva em toda a organização.

A Crispin demonstrou melhor sua capacidade de criar o tipo de propaganda relevante, que prende a atenção e permite às marcas interagir com os consumidores no mundo sempre ligado, ao desenvolver uma série de jogos de *videogame* vendidos nos restaurantes da BK junto com a compra de um Value Meal. Esses jogos, que incluíam "PocketBike Racer", "Big Bumpin" e "Sneak King", comunicavam-se tão bem com os consumidores que se tornaram um sucesso à parte (ver Figura 5.2).

Em apenas cinco semanas, a promoção dos jogos de *videogame* da Burger King criada pela Crispin Porter + Bogusky fez com que

FIGURA 5.2 Jogo de *videogame* Pocketbike Racer da Burger King®.

os consumidores adquirissem mais de 3 milhões de jogos a $3.99 cada com a compra de um Value Meal.

A Naked Communications acredita que o futuro das agências de mídia será determinado por sua capacidade de guiar os anunciantes pela paisagem midiática cada vez mais complexa da Proposição 4.0. Para tanto, posiciona a estratégia e o planejamento de mídia no foco de sua estratégia de marca. A empresa se oferece aos clientes como uma alternativa criativa às agências de mídia – organizações que se tornaram exageradamente baseadas em processos em vez de no planejamento.

A Naked procura apresentar-se como um tipo diferente de conselheiro estratégico, trabalhando na prospecção de ideias para propaganda e mídia que não raro outros implementarão. Trata-se de uma ambição com potencial de posicionar a Naked como um integrador altamente valorizado, não só determinando a compra de mídia, mas definindo a magnitude e a configuração da estratégia de mídia, bem como a maneira pela qual o conjunto das peças do composto de comunicações coopera para produzir resultados. A abordagem da Naked é fundamentalmente agnóstica: não procura enfatizar uma disciplina de *marketing*, mídia ou propaganda. A oferta da empresa é respaldada por equipes de profissionais ecléticos e talentosos – incluindo planejadores de mídia, consultores de gestão e até jornalistas – que somam forças visando suprir as necessidades de cada cliente.

Um bom exemplo da abordagem da Naked é seu trabalho para a Boots, a maior cadeia de farmácias do Reino Unido. Em 2003, a Boots recorreu a uma campanha televisiva para o lançamento de um novo serviço cujo propósito era acelerar o arquivamento de prescrições coletando-as diretamente dos médicos. A campanha fracassou. Como alternativa, a Naked sugeriu, de maneira bastante prática, que a Boots informasse seus clientes a respeito do serviço enquanto eles esperavam na fila pelas prescrições. O programa *in-store*, conduzido pelos empregados da rede, comunicava-se diretamente com os 16 milhões de consumidores que visitavam os estabelecimentos da Boots a cada semana, tendo aumentado o número de consumidores participantes do serviço em "várias centenas porcentuais a uma fração do custo de uma campanha de TV"[14].

Em abril de 2007, a Naked refinou ainda mais seu foco no planejamento ao lançar a Naked Numbers. O novo serviço alia técnicas de mensuração consagradas, como a econometria, a ferramentas de monitoramento digital. Sua meta: oferecer aos clientes um meio de mensurar campanhas que integrem canais de mídia tradicional com atividades mercadológicas pouco convencionais.

Como no caso da Crispin, algumas agências tradicionais a princípio desdenharam do posicionamento de mercado da Naked como pouco mais do que pose. Mas a abordagem de planejamento de comunicações da empresa – enfatizando planos que transpõem os limites entre os veículos de mídia tradicional, digital e *below-the-line* – está ganhando a confiança dos anunciantes. A expansão da agência para os Estados Unidos não se deu muito antes de grandes anunciantes como Johnson & Johnson, Coca-Cola e Nokia engrossarem seu rol de clientes.

E, com efeito, não há medida melhor do sucesso de uma agência.

A AGÊNCIA DO FUTURO

Não resta dúvida: o futuro trará grandes desafios para as agências de propaganda; para aquelas que não mudarem para a Proposição 4.0, ou que não forem capazes de fazê-lo, será possivelmente um futuro sombrio. Por outro lado, há uma boa razão para ser otimista: a confiança dos anunciantes e dos veículos de mídia na propaganda continua a crescer. Eis três motivos para isso:

- Primeiro, o mundo sempre ligado é uma das opções de mídia que rapidamente se ampliam para os consumidores. E, com base na experiência digital adquirida até aqui, é bem provável que a propaganda continue a desempenhar um papel primordial como o mecanismo econômico para financiar essas novas plataformas.

- Segundo, em um mundo cuja complexidade em termos de mídia e *marketing* é crescente, convém aos anunciantes ter como sócios empresas terceirizadas objetivas e versadas. Sim, os anunciantes estão fazendo mais por conta própria, mas a complexidade exige profunda *expertise*, e é caro e ineficiente demais assumir as funções de toda a cadeia de valor dos serviços de propaganda e *marketing*, mesmo para os maiores e mais sofisticados anunciantes.
- Finalmente, ante o surgimento da concorrência entre marcas próprias e da proliferação de marcas que caracteriza tantas categorias, agências capazes de ajudar seus parceiros anunciantes a oferecer uma mensagem diferenciada no lugar certo, na hora certa e para o consumidor certo são mais importantes do que nunca.

É evidente que, para atender às crescentes necessidades e expectativas dos anunciantes, a agência do futuro terá de fazer muito mais do que produzir comerciais divertidos. Como bem ilustram os exemplos das empresas WPP, Publicis, Crispin e Naked, as agências precisam metamorfosear suas ofertas de serviço, modelos de negócios e recursos de talento de várias maneiras para poderem acompanhar as necessidades em transformação de seus clientes. Isso requer um pacote mais rico de serviços, que inclua a criação, o planejamento e a compra de publicidade tanto na mídia tradicional quanto na digital, assim como os elementos adicionais de consultoria, projeto de produto e tecnologia. Por fim, deve aperfeiçoar os dados e análise da eficácia publicitária, além de provar que suas recomendações levam a resultados.

Em suma, a agência do futuro precisa ser algo mais do que um parceiro de propaganda – precisa ser um construtor de negócios.

Naturalmente, isso exigirá que as agências se comprometam com agendas de mudança ambiciosas. Mas não há alternativa melhor. Ou elas mudam seus modelos operacionais para melhor atender às necessidades de seus clientes, ou elas morrem. E esse senso de urgência não tende a se dissipar. Tome-se o exemplo da DraftFCB, de Londres, que em outubro de 2007 propôs um programa de incentivo à demissão voluntária de *todos* os seus funcionários como catalisador de uma completa reestruturação de seus departamentos digital, criativo e de produção[15]. Um recomeço como o da DraftFCB é, sem dúvida, uma medida extrema. Mas as agências de propaganda devem ter esse tipo de coragem para pôr as cartas na mesa e assegurar um futuro mais próspero.

REFERÊNCIAS

- Berger, Warren, *Advertising Today*, Phaidon, 2004.
- Berger, Warren e Crispin Porter + Bogusky, *Hoopla*, powerhouse Books, 2006.
- Goodrum, Charles A. e Helen Dalrymple, *Advertising in America: The First 200 Years*, Abrams, 1990.
- Hopkins, Claude, *My Life in Advertising and Scientific Advertising*, McGraw-Hill, 1966.
- Morgan, Richard, *J. Walter Takeover: From Divine Right to Common Stock*, Irwin, 1990.
- Ogilvy, David, *Ogilvy on Advertising*, Southbank, 2004.
- Rothenberg, Randall, *Where the Suckers Moon: The Life and Death of an Advertising Campaign*, Vintage, 1995.
- *The 100 Greatest Advertisements*, Dover, 1959.

- **Para mais recursos e informações atualizadas, visite www.businessfuture.com.**

6

O FUTURO COMEÇA AQUI

Este livro é intitulado *Sempre ligado* porque não há mais tempo ocioso na propaganda, na mídia e no *marketing*. O ritmo é tão implacável que a expressão 24 horas por dia, 7 dias por semana já não lhe faz justiça. Melhor pensar em termos de 60 segundos por minuto 60 minutos por hora 24 horas por dia 7 dias por semana. A cada segundo é estabelecida uma conexão com um consumidor em qualquer lugar do mundo. Portanto, os anunciantes, as empresas de comunicação e as agências de propaganda precisam estar sempre ligados.

Esse novo ambiente teve um impacto poderoso também sobre os consumidores. "[Os consumidores] vivem em um mundo sempre ligado. Estão conectados, ou sabem que sempre poderão se conectar, à mídia", afirma Beth Comstock, presidente da divisão de mídia integrada da NBC-Universal. "Eles estão engajados, no comando e ansiosos para interagir não apenas uns com os outros, mas com a mídia – e para compartilhar essa experiência. [Eles] não se limitam a falar diante do *watercooler*. Eles enviam clipes por *e-mail*, criam *mashups* e geram *buzz* de uma maneira que é o sonho dos anunciantes."

E com as fronteiras entre propaganda, informação e entretenimento cada vez menos nítidas, os consumidores passaram a ser muito mais criteriosos em seu consumo de mídia. Eles sabem quando os anunciantes estão tentando comunicar-se com eles. E decidem se determinada propaganda merece seu engajamento.

Nesse novo ambiente, os anunciantes não podem triunfar empunhando as armas da interrupção que mantinham cativos os consumidores pouco tempo atrás. Antes precisam criar uma propaganda que os consumidores estejam procurando e que julguem valiosa – mensagens que melhorem a vida, facilitem as coisas, ou divirtam; mensagens que os ajudem a tomar decisões, a comunicar-se com os amigos e, o mais importante, a agir.

Criar uma propaganda assim tão poderosa requer uma mescla de matemática e criatividade cuidadosamente orquestrada. De certa forma, é como em um jogo de beisebol, em que as análises (nesse caso, a sabedoria do jogador e as probabilidades de resultado) e a visão mais ampla da situação de jogo combinam-se com o brilho pessoal (a intuição e o talento) para conseguir *base hits**. E, como no beisebol, vencer no *marketing* resume-se a aumentar a porcentagem de *hits* e reduzir o número de erros.

Agora, à medida que o futuro da propaganda e do *marketing* se avizinha, abundam as plataformas de mídia, a propaganda está em todo lugar e as inovações tecnológicas são constantes. Isso estabeleceu uma dinâmica de descontinuidade que só poderá ser transposta com *insights* profundos sobre as necessidades, os interesses e o comportamento dos consumidores.

Por décadas esses *insights* estiveram limitados por análises relativamente elementares que pouco podiam fazer além de estimar o número de residências sintonizadas nesse ou naquele programa

---

* N. de T.: *Base hit* – rebatida indefensável que possibilita conquistar com segurança a primeira base.

de TV ou a quantidade de leitores que folheavam as páginas de uma revista. Hoje, com a mídia digital realimentando os anunciantes com *insights* tão ativamente quanto disponibiliza informações e entretenimento aos consumidores, está sendo possível, por exemplo, exibir um anúncio apenas para homens que vivam em Los Angeles, que tenham entre 18 e 34 anos e que gostem de *snowboard* e outros tipos de atividades ao ar livre. Munidos com esse tipo de conhecimento, os anunciantes (e suas agências) podem evoluir do monólogo mais genérico para um diálogo mais centrado, ajustando suas mensagens a consumidores específicos, selecionando com precisão os veículos de mídia que melhor se comunicam com seus segmentos-alvo e que influenciam com mais eficácia seu comportamento. No entanto, isso só será possível se o anunciante estiver sempre ligado: prestando atenção, ouvindo e aprendendo.

Essa mudança para o diálogo fortalece não apenas a criação de mensagens mercadológicas e a seleção precisa da plataforma de mídia mais adequada à sua transmissão, mas também o contínuo aperfeiçoamento dos produtos e serviços em discussão. A relação bilateral com o consumidor torna-se parte de uma máquina perpétua de construção de marca e, em última análise, permite ao anunciante avançar da compreensão (*insight*) para a antevisão (*foresight*).

Os anunciantes, as empresas de comunicação e as agências de propaganda já se encontram em processo de adaptação a esse mundo mais focado no consumidor. Muitos estão desenvolvendo novos modelos destinados a criar relevância, mensurabilidade e interatividade. Outros estão redirecionando o foco de seu composto de mídia para as plataformas bilaterais (ver Gráfico 6.1). Mas, como sempre, a exigência de mudança foi inculcada mais agressivamente por certas empresas do que por outras. De fato, em algumas delas as estratégias e ações estão começando a consolidar-se em roteiros para o sucesso no novo ambiente. Essa seleta minoria já está vivendo o futuro do *marketing* e da propaganda aqui e agora.

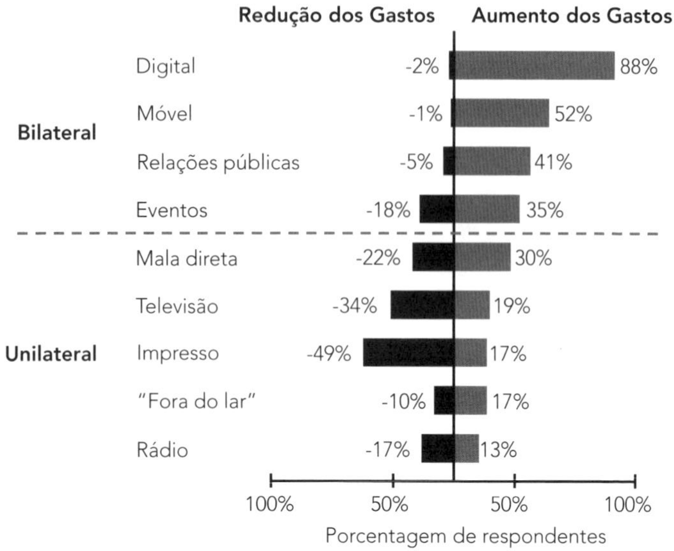

Fonte: Marketing & Media Ecosystem 2010 da Booz Allen/ANA (Outubro de 2009)

GRÁFICO 6.1 Anunciantes focados em plataformas bilaterais.

ANUNCIANTE, CURA-TE A TI MESMO

Na Johnson & Johnson, oitavo maior anunciante dos Estados Unidos, o futuro da propaganda e *marketing* chegou em 2005, no momento propício para uma ruptura com o *status quo* e a criação de um novo modelo mais sintonizado com o mundo sempre ligado.

O catalisador na J & J foi a saída de um estimado alto executivo de *marketing*, após 38 anos de serviço. A empresa valeu-se dessa mudança de guarda para recrutar uma nova equipe de profissionais de *marketing* atraídos de empresas de comunicação e agências de publicidade, *profissionais* que, de propósito, não provinham nem eram importados de outros anunciantes.

A nova equipe trouxe novos conjuntos de competências e costumes mercadológicos para a Johnson & Johnson. A empresa estarreceu os anunciantes do país inteiro, não menos que os veículos de comunicação e as agências de mídia, ao retirar cerca de US$ 400 milhões do *upfront* da TV aberta. A partir daí, declarava o ato, as decisões de compra da J & J seriam norteadas por seu ciclo de negócios e necessidades – não mais pela disponibilidade de espaços nos programas de horário nobre da TV. Afinal de contas, ponderou a equipe, não havia quem soubesse realmente quais seriam as necessidades mercadológicas da J & J com 5 a 11 meses de antecipação. Sendo assim, por que se comprometer com uma programação televisiva se não havia confiança suficiente, baseada em *insights* sobre o consumidor, de que essa era a solução de *marketing* certa para conduzir os negócios?

CONTEÚDO DEPOSTO

Quando a J & J retirou-se do mercado de *upfront* das redes de TV aberta, David Vinjamuri, professor-adjunto de *marketing* na NYU e presidente da ThirdWay Brand Trainers, encarou a medida como uma mudança de rumo na relação entre programação televisiva e publicidade. Observou ele:

> A retirada da Johnson & Johnson... marca uma mudança decisiva e permanente na equilibrada relação de poder entre os provedores de conteúdo e os anunciantes, relação que reflete a mudança que também vem ocorrendo na relação de poder entre os consumidores e os anunciantes, e que não é menos significativa. Como disse Sumner Reid em sua célebre frase, "o conteúdo é o rei". Ainda há shows e megaeventos (como o Super Bowl), mas há muitíssimas opções de conteúdo. Não apenas a quantidade e a qualidade dos programas de TV aumentaram, como agora eles também competem diretamente com a navegação na

Web, rádio por satélite, *podcasts*, blogs e outros formatos novos de mídia para olhos e ouvidos. Além disso, o mesmo conteúdo pode ser encontrado em diferentes canais de distribuição...

O que isso significa? Significa que os provedores de conteúdo precisam pensar cuidadosamente nas necessidades dos consumidores, nos canais de distribuição e no modelo de receita de cada peça de conteúdo que produzem. Significa que os anunciantes cada vez mais terão condições de escolher as plataformas que preferem promover e a ocasião de dizer como funcionam. E, em última análise, significa que os consumidores aceitarão ou rejeitarão cada modelo que os anunciantes e provedores de conteúdo lhes apresentarem. Se antes os consumidores rejeitavam os programas individualmente, agora poderão rejeitar modelos de receita inteiros.[1]

No ano seguinte, a empresa diminuiu sua presença total na TV, assim como seu compromisso com o rádio. As despesas da Johnson & Johnson com a mídia convencional nos Estados Unidos caíram em mais de US$ 250 milhões em 2006, e seu investimento em propaganda foi reduzido para US$ 1,9 bilhão, cerca de 10%[2]. De resto, seus profissionais de *marketing* começaram a insistir para que as compras de mídia da empresa incluíssem garantias de engajamento. Ao mesmo tempo, a J & J elevou a proeminência de seus programas de comunicação direta com o consumidor, mediante um aumento de 31% em seus esforços de mala direta e *e-mail*[3].

Com os novos meios de quantificar o desempenho da propaganda vieram também novos meios de planejá-la. Como no caso de muitas empresas de bens de consumo, o planejamento de mídia da J & J normalmente ocorria no final do processo de estratégia de marca. Sua meta principal era alinhar o *share of voice* de cada marca em relação ao total de sua categoria aos objetivos de crescimento da J & J para a marca. As escolhas de mídia eram pautadas basicamente pelas preferências e despesas históricas, o que praticamente garantia pesada ênfase nos veículos de comunicação tradicionais, como a TV e os canais impressos. Como resultado, era pouca a ênfase na inovação da mídia e da propaganda, sobretudo entre as maiores e mais consagradas marcas da empresa.

Contrapondo-se a essa prática, a nova equipe da J & J tornou o planejamento das comunicações o principal motor das compras de mídia. Hoje, o foco estratégico da empresa passou a ser não *o que* as marcas comunicam, mas *como* se comunicam com os consumidores. Para reforçar a mudança, a J & J tornou-se uma das primeiras grandes empresas a criar um processo de revisão do planejamento das comunicações separado do processo de revisão do planejamento e compra de mídia.

A decisão terminou por levar a uma nova associação com a inovadora agência de propaganda Naked Communications, que recebeu a missão de fornecer uma abordagem mais holística e estratégica ao planejamento e estratégia de mídia da Johnson & Johnson. O movimento para absorver a Naked destinava-se a servir como catalisador da revisão do composto de mídia da J & J no ambiente sempre ligado, focalizando menos os horários na programação de TV e as tiragens das publicações impressas e mais programas de eventos, relações públicas, *marketing* direto e mídia digital. A exigência da Naked à J & J era simples, ainda que profunda: direcionar nossos investimentos em *marketing* para aqueles canais que irão criar as ligações mais valiosas entre nossas marcas e nossos consumidores.

"Simplesmente não estávamos obtendo um tipo de pensamento estratégico e retorno sobre o investimento para todas as marcas que representamos", explicou Kimberly Kadlec, superintendente de mídia da J & J. "Estávamos gastando com a mídia tradicional mais do que deveríamos, deixando algumas oportunidades – como as mídias de busca e experimental – grandemente subalavancadas (*underleveraged*). Procurávamos meios inovadores de enfocar a mídia – não apenas os veículos de mídia tradicionais, mas canais novos, emergentes. Essas oportunidades precisam ser encaradas como parte do processo de planejamento para garantir que estejamos investindo sabiamente, com um olho no futuro."[4]

A nova equipe de *marketing* renovou suas práticas de gestão de talento com vistas a acelerar o desenvolvimento de sua *expertise* interna em propaganda e *marketing* digital. Para preencher a lacuna das habilidades digitais, a equipe deu início a um inovador programa de "externato"*, pelo qual um grupo seleto de executivos da J & J era submetido a três meses de aprendizagem nas empresas de seus parceiros de *marketing*, que incluíam a AOL, a NBC, a Meredith Publishing e a BBDO. Em contrapartida, esses parceiros eram convidados a mandar seus executivos para um "externato" na J & J, onde obteriam uma visão íntima de suas prioridades de marca e dos processos de tomada de decisão.

No conjunto, essas mudanças preparavam a J & J para expandir seus pontos de conexão com os consumidores para além das áreas em que era tradicionalmente forte, como os pontos de venda do varejo e os consultórios médicos. Agora, a empresa começava a abordar pontos de contato com o consumidor até então inexplorados, na tentativa de assegurar que as mensagens de marca e *marketing* estivessem acessíveis também *on-line*.

O desenvolvimento do BabyCenter.com é um bom exemplo do compromisso da J & J em tornar-se mais relevante e atraente no âmbito digital. Quando a eToys declarou falência, em 2001, a J & J conseguiu resgatar o BabyCenter.com do naufrágio. À época, o *site* era focado em conteúdo para gestantes. Sob o novo comando, porém, o BabyCenter.com converteu-se no maior *site* da categoria. Sua audiência é formada por uma rede social ampla, leal e altamente engajada de cinco a sete milhões de mães e futuras mães que aprovei-

---

* N. de T.: No original *externship*, em oposição a *internship* (internato).

tam o espaço para trocar ideias, fazer perguntas e pesquisas, além de transações.

O BabyCenter LCC (Figura 6.1) atrai mensalmente mais de seis milhões de visitantes para seus *sites* na Austrália, na Áustria, no Canadá, na China, na Alemanha, na Índia, na Suécia, na Suíça, no Reino Unido e nos Estados Unidos. Nos Estados Unidos, ele alcança mais de 78% de novas mães e gestantes *on-line*. Em setembro de 2007, a empresa lançou no país um *site* voltado exclusivamente para consumidores de língua espanhola.

Ao construir essa plataforma de mídia on-line, a J & J criou um mecanismo de marketing de relacionamento que se comunica

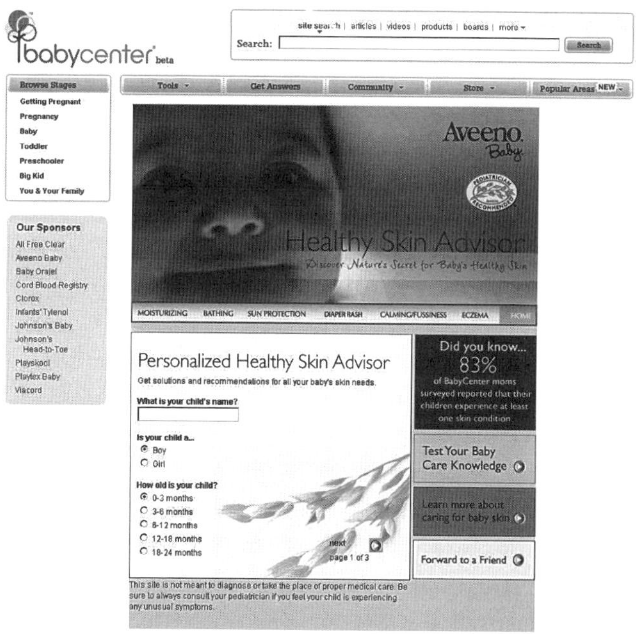

FIGURA 6.1 O site BabyCenter.com da J&J atrai pais e mães à espera de bebês de todo o mundo.

direta e intensamente com um de seus principais segmentos de consumidores. O BabyCenter.com é também um *site* de comércio eletrônico que gera perspectivas de vendas para comerciantes de relevo. Tudo isso é fruto da compreensão de que as mães querem compartilhar *know-how* e experiências umas com as outras, bem como obter acesso a conteúdos e ferramentas – personalização, mecanismos de comparação, ambientes de compras, etc. – capazes de tornar suas vidas mais plenas e tranquilas.

Embora seja ainda muito cedo para ter certeza de que os grandes anunciantes devam delegar internamente a operação ("*in-source*") de empreendimentos de mídia como o BabyCenter.com, a mídia proprietária é um modelo mercadológico comprovado que remonta aos primeiros tempos da televisão. Esforços como o *General Electric Theater* e as novelas da Procter & Gamble conduziram parte da inovação inicial da TV. Hoje, veículos de mídia como o BabyCenter.com, o verybestbaby.com, da Nestlé, e o kraftfood.com, da Kraft, estão possibilitando aos anunciantes posicionar suas marcas com a utilidade, relevância e afinidade que os consumidores procuram. Não há dúvida de que as mensagens de produto e de marca são elementos importantes desses portais digitais, mas a diferença fundamental é que elas estão embutidas em ambientes criados para ajudar os consumidores, e não apenas interrompê-los.

> "No que diz respeito a nossos objetivos de marca, adotamos uma abordagem neutra em relação à mídia, centrada no consumidor e também na marca. Mediante um planejamento de mídia integrado, estamos unindo talentos e formações bastante diversos. Crucial para nós é o modo como avaliamos o comportamento do consumidor, como diferentes formas de mídia se comunicam e como podemos levar isso para o varejo. Se há um meio de obter o engajamento dos consumidores e comunicar-se com eles de forma mais holística, é isso que estamos procurando."[5]
>
> —Kimberly Kadlec,
> superintendente de mídia, J & J

A propriedade de marca é apenas uma das maneiras pelas quais a J & J está conseguindo o engajamento dos consumidores com a mídia digital. Em 2006, a série de vídeos Web "Lonelygirl15", cujas origens são desconhecidas, transformou-se num *cult on-line* de sucesso. Hoje, Lonelygirl15 é um empreendimento comercial, e a Neutrogena, marca de cosméticos e produtos para pele, rosto e cabelo, um de seus patrocinadores. Em troca, o *website* da Neutrogena apresenta episódios de Lonelygirl15 – outra forma de comunicação com seu público-alvo de mulheres no final da adolescência e no início dos 20 anos.

Evidentemente, a transformação mercadológica da J & J não se deu sem riscos e custos. Por exemplo, a retirada do *upfront* da TV aberta em 2005 por certo conferiu à empresa maior flexibilidade para responder às necessidades de marca à medida que elas surgiam. Mas essa flexibilidade veio à custa dos benefícios de preços, programação, colocação e serviço que historicamente haviam justificado esse frenesi anual de compras.

Embora seja difícil avaliar ganhos e perdas em detalhes, o resultado final (*bottom line*) constitui um poderoso argumento em favor do novo enfoque mercadológico da J & J. Em que pese seu afastamento da mídia convencional, as vendas da empresa em 2006 cresceram em torno de 6%, chegando a US$ 53,2 bilhões[6]. E, talvez o mais importante, hoje a J & J está construindo os recursos necessários para conquistar a liderança mercadológica no futuro sempre ligado.

MEREDITH TEM A GRANDE IDEIA

No mundo sempre ligado, os anunciantes estão exigindo mais dos seus parceiros de mídia. Querem assistência no desenvolvimento de campanhas e acesso a recursos criativos. Querem pesquisa proprietária e *insights* sobre o consumidor, bem como uma integração das plataformas de mídia que não apareça nos relatórios de índices, acesso direto aos consumidores, e claro, a grande ideia. Em suma, querem muitos dos itens das empresas de comunicação que as agências de propaganda tipicamente têm oferecido – e mais.

Por vezes o apelo à mudança se faz ouvir mais alto onde menos se espera, como na Meredith Corporation, empresa de mídia tradicional com raízes na publicação de revistas e na propriedade de estações de TV. Baseada em Des Moines, Iowa, a Meredith foi fundada em 1902, com a primeira edição da revista *Successful Farming*, publicada ainda hoje. Atualmente, a empresa é mais conhecida por seu portfólio de publicações voltadas basicamente para o público feminino, como *Better Homes and Gardens*, *Ladies' Home Journal*, *Family Circle* e *Parents*. No entanto, como seus anunciantes começavam a transferir seus gastos de *marketing* para uma mídia mais customizada e um *marketing below-the-line*, os executivos da empresa admitiram a necessidade de um perfil diferente.

Assim, desde 2005 a Meredith tem agido agressivamente para transformar a maneira como gerava valor para os anunciantes (ver Quadro 6.1). Começou alavancando seu imenso banco de dados sobre 85 milhões de consumidores – basicamente mulheres – e sua operação editorial personalizada, que por muito tempo produzira revistas para um grupo heterogêneo de grandes anunciantes, incluindo Carnival Cruise Lines, Chrysler, Kraft e John Deere. Com essas atividades, a Meredith aprendeu como colher e gerenciar informações sobre os consumidores num nível individual, garimpar dados para *insights* e usá-los para desenvolver tanto esforços de *marketing* direto quanto uma mídia mais feita sob medida.

Como parte de uma estratégia para oferecer serviços mais parecidos com os de uma agência de propaganda, a Meredith tem promovido aquisições sistemáticas de empresas capazes de reforçar seu *know-how* em *marketing* digital e de relacionamento com o

QUADRO 6.1 Transformação da Meredith Corporation

Emissora e editora de caráter tradicional	Praticante de *marketing* de relacionamento
Propaganda	Construção de marca
Impressões e consciência	Geração de perspectivas de vendas; chamada à ação
Transacional	Estratégica
Centrada em plataformas (televisão, mídia impressa)	Neutra em termos de disciplina (*e-mail*, mídia digital, impressa, televisão)
Fornecedores	Parceiros

Fonte: Meredith, Booz Allen Hamilton

consumidor. A partir de 2005, a companhia adquiriu a O'Grady e a Genex por sua *expertise* em CRM e desenvolvimento de *websites*, a New Media Strategies por seu *marketing* boca a boca e *marketing* Web 2.0 e a Directive por seu *marketing* de banco de dados e inteligência de clientes (*customer intelligence*).

Além disso, a Meredith realizou investimentos internos no intuito de formar novos grupos que melhor respondessem às cambiantes necessidades daquelas que anunciam. Fundou a Meredith 360 como uma unidade de *marketing* estratégico dotada de recursos de vendas e criatividade; a Meredith Experiential Marketing para preencher o espaço de *marketing* de eventos; e a Meredith Video Solutions para a produção de conteúdos de vídeo e integração de marca.

"Muitos clientes preferem ter uma única fonte atendendo às suas necessidades de *marketing*. Os anunciantes querem acesso direto aos consumidores e *insights* sobre seus verdadeiros comportamentos e interesses", explicou Jack Griffin, presidente do Publishing Group da Meredith. "Mais do que meros dados demográficos, eles querem comunicar-se com seu público-alvo em ambientes mensuráveis que possam estimular uma resposta por parte do consumidor; querem poder usar mídia mais adequada aos consumidores-alvo e suas marcas, seja ela mídia impressa, vídeo, *on-line* ou um evento. E uma empresa de mídia, se quiser competir, precisa oferecer todos esses serviços, além de um grande conteúdo e grandes marcas."[7]

Ao colocar em prática o conjunto de suas novas competências, a Meredith estava capacitada a criar mais oportunidades inovadoras para que seus clientes se comunicassem com suas atuais audiências e outros consumidores-alvo. Para a Clorox, por exemplo, a empresa lançou uma campanha de temática ambiental intitulada "Living Green", que apresentava uma exposição de casas patrocinada pela revista *Better Homes and Gardens*, páginas de publicidade em *BH&G*, um *site* personalizado dentro de bhg.com e propagandas em estações de TV da Meredith. Para a Dodge, a empresa criou um programa voltado para o público feminino que unia um especial de TV de meia hora da revista *Family Circle* ao sorteio, por mídia *on-line* e impressa, de um Dodge Caravan 2008[8].

A capacidade de criar programas como esses – mais amplos, integrados, de plataforma cruzada – parece ser justamente o que os anunciantes desejavam da Meredith. E melhor ainda: como o ambiente sempre ligado começava a afetar negativamente algumas unidades de negócios da empresa, outras mais do que compensaram essas deficiências. Por exemplo, no primeiro trimestre fiscal de 2007, a receita de TV da Meredith teve queda de 7% em relação ao mesmo período do ano anterior, mas sua receita com publicidade impressa cresceu 13% e os esforços de *marketing* integrado subiram 50% – uma evidência sólida de que seu realinhamento de recursos estava surtindo efeito[9].

A PRÓXIMA GRANDE AGÊNCIA DE PROPAGANDA

Felizmente para as agências, muitos anunciantes precisarão de guias que os ajudem a lidar com o ambiente cada vez mais complexo da mídia e da propaganda – conselheiros confiáveis que possam auxiliá-los a fazer as escolhas certas para ligar suas marcas aos consumidores (e vice-versa). Não fosse essa necessidade e as agências possivelmente seriam os "estranhos no ninho" sempre ligado. Mas, para preencher esse papel e voltar a ser parceiros de *marketing* maduros e completos, elas necessitam de um conjunto de competências fundamentalmente diferentes daquelas desenvolvidas no passado.

A agência do século XXI estabelecerá sua liderança mediante *expertise* em inovação publicitária, análises e *know-how* em tecnologia digital. E a AKQA, agência de propaganda de San Francisco especializada em *marketing* de orientação digital e com escritórios em Londres, Nova York, Washington, D.C., Amsterdã e Xangai, parece ter o conjunto certo de competências.

> "Hoje os profissionais de *marketing* estão colocando o digital no centro de sua atividade. O problema que eles enfrentam é [o que acontece] quando trabalham com o departamento interativo de uma agência de propaganda e não encontram aí a liderança de pensamento ou a ambição para o trabalho. Então o que fica é o sentimento de frustração, e é por isso que eles estão abandonando a burocracia das grandes agências tradicionais – porque, para as coisas serem feitas, é preciso passar por uma série de pessoas e processos; em vez disso, eles têm trabalhado com parceiros especialistas que estão se tornando o órgão principal do cliente, pois – da perspectiva do cliente – eles oferecem um nível melhor de pensamento, um processo mais racionalizado e maior qualidade na execução.[10]"
>
> —Ajaz Ahmed, presidente da AKQA.

A AKQA é uma nativa digital, depositária da herança de construir soluções de negócios (não apenas plataformas publicitárias) no mundo on-line. De fato, a empresa teve papel de destaque na criação da infraestrutura digital; colaborou com a Microsoft no desenvolvimento da interface de usuário do Xbox 360, bem como auxiliou no *marketing* do produto. É precisamente esse *mix* de habilidades em desenvolvimento de *software* e projeto de interface, aliado à *expertise* criativa, que confere vantagem à AKQA– por exemplo, em relacionar *insights* sobre o uso dos produtos digitais com o impacto da propaganda digital.

Com apenas 13 anos de vida, a agência realiza suas atividades em completa liberdade dos setores funcionais e dos níveis organizacionais que tanto retardaram a resposta de muitas agências maiores e mais antigas. A empresa conta também com sólidos recursos de planejamento e análise, os quais aplica para criar soluções de negócios holísticas que incorporam igualmente as mídias analógica e digital. Como observa o CEO Tom Bedecarré, "As pessoas vivem num tipo de mundo de plataforma cruzada; é assim que enfocamos os engajamentos desde o início"[11].

A AKQA oferece também soluções de comércio eletrônico e gerenciamento de conteúdo. A agência criou *websites*, *e-mail marketing*, publicidade *on-line* e comunicações virais. Seu composto de mídia inclui distribuição de ideias em telefones celulares, quiosques, organizadores digitais, DVDs e TV interativa. E os clientes estão pedindo para que ela assuma desafios comerciais maiores e mais estratégicos; caso exemplar foi a solicitação da Dell, Inc. para que a ajudasse a mudar sua estratégia *on-line* da resposta direta para a construção de marca. "Não se trata apenas de construir um grande *website*", salienta Bedecarré, "mas de ser capaz de mostrar resultados concretos."[12]

Uma recente campanha publicitária para a Visa reflete a capacidade da AKQA de oferecer uma solução baseada em resultados e de alto engajamento: no momento em que a Visa manifestou a intenção de levar a campanha de marca "Life Takes Visa" para a mídia digital, a agência recomendou uma combinação de *rich media* (gerada tanto por profissionais quanto por usuários) e anúncios em *banners*. Criou então uma série de vídeos curtos para Web, com o propósito de inculcar a ligação entre a Visa e a boa vida, conforme ilustrado por historietas de pessoas de verdade desfrutando e compartilhando momentos especiais. Pessoas de verdade também foram utilizadas numa série de *banners* mostrando fotos reais que os consumidores haviam postado no Flickr, o serviço de compartilhamento de fotos do Yahoo!. No fim, a AKQA expandiu a campanha para a mídia móvel.

A reedição digital da campanha "Life Takes Visa" produziu mais de 594 milhões de impressões em um único mês. Além disso, métricas de engajamento revelaram que os visitantes do *site* da Visa gastavam aí uma média de cinco minutos.

"O que impressiona na AKQA é que eles estão sempre em busca de alguma novidade e sempre trabalhando com base em novos paradigmas", exaltou Jon Raj, vice-presidente de propaganda e mídia emergente da Visa USA. "Não se trata de criar *banners* e colocá-los em *sites*, mas de compreender o que precisamos alcançar. Muitas [agências] falam sobre a vida real e depois recriam a vida que querem ver. Quando você fala sobre a vida, não quer a interpretação da Visa: quer ver a vida real."[13]

"Não temos a intenção de sair por aí e criar uma grande oferta tradicional, mas nossos clientes estão pedindo mais ideias de mídia integrada", acrescenta Andrew O'Dell, presidente de *marketing* interativo da AKQA. "Nossa visão consiste em sermos conhecidos como uma agência de ideias. Não necessariamente de criação ou de mídia."

A lista dos eminentes clientes atraídos para a ideia de uma agência capaz de combinar inovação, engajamento e resultados inclui Target, Gucci, Dell, Nike, Microsoft X-Box e Coca-Cola. Não é coincidência que esse rol se caracterize por uma amostra representativa de algumas das principais marcas do planeta. Quanto maior a empresa, maior a probabilidade de dispor dos recursos necessários para adentrar os novos domínios da propaganda. "Esses grandes contratos são importantes para nós", admite o CEO Tom Bedecarré, "mas também refletem o que está acontecendo com grandes anunciantes que querem ver uma maior porcentagem do que fazem transferida para a mídia *on-line*." A AKQA também parece capaz de transformar o trabalho inicial com esses clientes em relacionamentos muito maiores. Por exemplo, a agência atualmente está desenvolvendo a estratégia digital globalmente para o McDonald's e a vodka Smirnoff, da Diageo.

Por ora, a AKQA planeja permanecer independente e parece dispor de capital para tanto. No começo de 2007, o General Atlantic, fundo de investimento em participações acionárias, adquiriu participação majoritária na agência pelo valor divulgado de US$ 250 milhões. "Queremos construir a melhor rede digital e ao mesmo tempo manter nossa independência e o compromisso com nossos valores fundamentais", explicou Ajaz Ahmed. "No decorrer dos últimos meses, ficou perfeitamente claro para nós que nossa independência, a mentalidade independente de nossa empresa e nosso pessoal, significa muito para nossa equipe e nossos clientes."[14]

Investimentos contínuos em tecnologia serão parte importante do futuro da AKQA. Em agosto de 2007, a empresa lançou mão de seu tesouro escondido e adquiriu a SearchRev, uma empresa de *marketing* de buscas. Bedecarré explicou as razões da compra: "Queremos integrar uma série de serviços para nossos clientes, de modo que um CMO possa otimizar a busca em relação às *landing pages**, e assim por diante."[15]

E mais contratos estão por vir – entre os itens restantes na lista de compras de serviços da agência há ainda otimização de

---

* N. de T.: *Páginas de aterrissagem*, também conhecidas como URLs de destino, são as páginas que aparecem quando o cliente potencial clica em um anúncio ou em um *link* de uma lista de busca.

marketing, propaganda móvel e outras plataformas de mídia emergentes. A exemplo do Google e da Microsoft, a AKQA almeja automatizar os serviços de planejamento de mídia, *marketing* de buscas e otimização de *marketing*. "Trata-se de integrar os relatórios de como os dólares são gastos e otimizados entre *display*, busca, móvel e todos os tipos de plataformas. Será a tecnologia em operação e otimizada contra os planejadores de mídia e os analistas que tomam decisões. Penso que muito disso será automatizado"[16], diz Bedecarré.

As melhores agências de propaganda do futuro podem bem seguir o exemplo da AKQA e combinar uma brilhante criatividade – como nos velhos tempos – com tecnologia, análises e *insights* sobre o consumidor. Acima de tudo, elas abraçarão seu papel como construtores de marca e solucionadores de problemas comerciais. Por fim, utilizarão novas ferramentas e talentos para ajudar os anunciantes a criar mensagens e experiências de marca que captem a atenção dos consumidores e os induzam a agir.

DOMINANDO O MUNDO SEMPRE LIGADO

Períodos de declínio são sempre penosos, mas também representam novas e grandes oportunidades de crescimento e liderança de mercado. Nunca antes na história da propaganda e do *marketing* houve um potencial tão grande para *players* inteligentes, independentemente do tamanho, reinventarem o jogo e vencerem. É que nunca antes os anunciantes e as empresas de comunicação tiveram tantas plataformas atraentes para informar, entreter e comunicar-se com os consumidores. E nunca antes o *marketing* foi tão mensurável, segmentado, pródigo em dados e interativo.

No entanto, para produzir o novo, cabe aos anunciantes, empresas de comunicação e agências de propaganda livrarem-se do velho. De fato, muitos dos modelos atualmente empregados de *marketing* de marca (*brand marketing*), gerenciamento de agências e vendas publicitárias estão obsoletos.

Esses fatores seguramente alimentarão uma nova era de criatividade e inovação em *marketing*, propaganda e mídia. Já o foco da propaganda está passando do diálogo indireto, unilateral, com os consumidores à busca de oportunidades para fazer parte de sua vida e de suas conversas cotidianas. Talvez você se lembre de um presciente comercial do xampu Fabergé Organics veiculado nos anos 1970, que implorava aos consumidores "comente [sobre o xampu] com duas amigas". Nesse célebre comercial, imagens da garota-propaganda do Fabergé eram replicadas em toda a tela à medida que ela recomendava o produto a duas amigas, estas, cada uma, a outras duas amigas, e assim por diante, até que a tela estivesse inteiramente tomada por devotas do produto (todas representadas pela mesma atriz). Esse é o tipo de referência, de endosso, de defesa social que a atual publicidade precisa almejar. E a boa notícia para os anunciantes, as agências e os veículos de comunicação é que as ferramentas, os métodos e os canais de mídia para alcançar esse objetivo nunca estiveram tão disponíveis.

Novas ferramentas e canais de mídia demandam novos métodos de trabalho e organização. À medida que os atuais modelos de *marketing* de marca, gerenciamento de agências e vendas publicitárias se tornem obsoletos, novas competências e processos serão aplicados para integrar ideias e campanhas. Os "integradores" – os profissionais de *marketing* e propaganda do futuro – irão se sobressair ao transformar a cacofonia de escolhas entre fornecedores, canais de mídia e ideias numa sinfonia de integração de marca e resultados comerciais.

Sempre que as cadeias de valor são reconfiguradas (e isso é o que está acontecendo agora), quase sempre é gerado um novo grupo de vencedores e perdedores. Os vencedores – entre os anunciantes, as empresas de comunicação e as agências de propaganda

– serão aqueles que aprenderem a reconfigurar seus negócios de diversas maneiras. Eles irão:

- Desenvolver mensagens de marca e experiências de entretenimento que os consumidores realmente queiram encontrar e compartilhar – ofertas que conquistem seu engajamento e que os convertam em defensores e influenciadores.
- Utilizar as competências de *marketing* de relacionamento e desenvolvimento de *insights* para ouvir, aprender e envolver-se diretamente com os consumidores; centrar-se nos seus interesses e comportamentos, não apenas em seus dados demográficos; e conhecê-los melhor do que ninguém.
- Construir campanhas que reúnam a propaganda *above-the-line* e o *marketing below-the-line* de forma contínua, com vistas a um maior impacto sobre as vendas e a resultados mais mensuráveis.
- Desenvolver novas tecnologias, aplicações e ambientes de consumo que acelerem as inovações de *marketing* e mídia.
- Aprender como medir o real impacto das diferentes mídias sobre o desempenho de uma campanha publicitária. E usar esses resultados para entender até que ponto cada mídia transmite melhor os perenes objetivos dos anunciantes de consciência de marca (*brand awareness*), teste, compra e lealdade.
- Implementar sistemas organizacionais, estruturas de compensação e métricas para estimular – e não constranger – inovações na propaganda e na mídia.
- Reprojetar as vendas, o planejamento e os processos criativos, a fim de colocar as necessidades dos consumidores no centro dos esforços de *marketing* e também de mídia.

Alcance esses objetivos e você assegurará um papel vital no futuro sempre ligado do *marketing* e da propaganda.

REFERÊNCIAS

- Schley, Bill e Carl Nichols Jr., *Why Johnny Can't Brand: Rediscovering the Lost Art of the Big Idea*, Portfólio, 2005.
- Schultz, Don E., Stanley I. Tannenbaum e Robert F. Lauterborn, *Integrated Marketing Communications: Putting It Together and Making It Work*, McGraw-Hill, 1993.
- Springer, Paul, *Ads to Icons: How Advertising Succeeds in a Multimedia Age*, Kogan Page, 2007.
- Stroud, Dick, *The 50-Plus Market: Why the Future Is Age Neutral When It Comes to Marketing and Branding Strategies*, Kogan Page, 2006.
- Vinjamuri, David, *Accidental Branding: How Ordinary People Build Extraordinary Brands*, Wiley, 2008.
- Zaltman, Gerald, *How Customers Think: Essential Insights into the Mind of the Market*, Harvard Business School Press, 2003.

- **Para mais recursos e informações atualizadas, visite www.businessfuture.com.**

NOTAS

Capítulo 1

1. "On Madison Avenue, A Digital Wake-Up Call", *Wall Street Journal*, March 26, 2007.
2. "Wieden & Kennedy Will Not Take Part in Nike Review", *Advertising Age*, March 2007.
3. *Ibid.*
4. Nike, Inc., 10-Q Filing, April 4, 2007.
5. Nike, Annual Reports e 10-K Filings (vários).
6. *Advertising Age*, 100 Leading National Advertisers, 2005 e 2007.
7. "When Great Ads Aren't Enough", *ADWEEK*, March 19, 2007.
8. *Advertising Age*, 100 Leading National Advertisers, 2007.
9. "Anywhere the Eye Can See, It's Likely to See an Ad", *New York Times*, January 15, 2007.
10. Neil Borden, *The Economic Effects of Advertising*, Irwin, Chicago, 1942.
11. Randall Rothenberg, *Where the Suckers Moon*, Vintage, New York, 1995.
12. Randall Rothenberg, "Bye-Bye", *Wired*, January 1998.

13. "Coke's Got Many Digital Pushes, but One Goal", *Advertising Age*, August 27, 2007.
14. Richard Rawlinson, "Beyond Brand Management", *strategy + business*, summer 2006.
15. Pesquisa permanente, Booz Allen/Association of National Advertisers.

Capítulo 2

1. "How Marketers Hone Their Aim Online", *Wall Street Journal*, July 19, 2007.
2. "A For-Credit Course", *New York Times*, September 30, 2007.
3. *Ibid*
4. "P&G Will Boost Marketing Spending for Fiscal '08", *Advertising Age*, May 2, 2007.
5. "Smaller, Private Communities Get Significantly Higher Levels of Customer Engagement, Says New Communispace Research", Communisplace, Inc., *press release* corporativo, March 20, 2007.
6. Community Participation Trends and Drivers", Communispace, Inc., http://www.communispace.com/3_news/perspectives.asp.
7. National School Boards Association (NSBA) e Grunwald Associates LLC, *Creating and Connecting: Research and Guidelines on Online Social and Educational Networking*, August 2007.
8. Booz & Company, Inc., "Marketing and Media Ecosystem 2007", apresentação no encontro anual da Association of National Advertisers.
9. "Brew Tube", *New York Times Magazine*, February 4, 2007.
10. "Bud.TV on Tap for Another Year", *Hollywood Reporter*, September 26, 2007.
11. *Ibid*
12. *Ibid.*
13. BIGresearch, "Simultaneous Media Survey (SIMM VII)", August 10, 2006.
14. "The Apprentice In No Novice at Driving Sponsor's Web Site Traffic", Hitwise.com, April 25, 2005.

15. "Pontiac Scores with TV-Web Promo on *The Apprentice*", *Direct*, April 19, 2005.
16. "Virtual Worlds Are Trendy Spot for Kids and Teens", *eMarketer*, September 2007.

Capítulo 3

1. "Marketing Trends, palestra, Diageo Investor Conference, April 26, 2007.
2. comScore, Ad Focus *rankings*, August 2007.
3. "Shopper Marketing: Capturing a Shopper's Mind, Heart and Wallet", Deloitte/Grocery Manufacturers of America, 2007.
4. *Ibid*
5. "Media Guide: 360 Mix", *Advertising Age*, November 6, 2006.
6. Oficinas *in-store* ministradas por "celebridades" do *design*, da decoração, etc.
7. "MTV Goes 4D with Virtual Worlds Push", *CNET News*, March 29, 2007.
8. "Virtual Worlds Platforms and User Numbers", *Virtual Worlds News*, October 1, 2007.
9. "MTV Goes 4D with Virtual Worlds Push", *CNET News*, March 29, 2007.
10. "The Hubub over Hulu", BusinessWeek.com, August 2007.

Capítulo 4

1. David Verklin e Bernice Kanner, *Watch This, Listen Up, Click Here*, Wiley, 2007.
2. "Engaging at Any Speed? Commercials Put to Test", *New York Times*, July 3, 2007.
3. "Lunesta Continues to Top the Charts as the Most Recalled Prescription Drug Advertising, but Watch Out: Here Comes the Competition", IAG research, June 5, 2007.
4. *MediaPost Publications*, November 5, 2007.
5. "Nielsen: Grey's Most Played-Back Premiere", *Mediaweek*, October 15, 2007.

6. "Data Reveals Online Having Profound Shifts on TV Viewing, Navigation Too", *MediaPost Publications*, September 27, 2007.
7. "Start-Up Rivals Target Nielsen", *Variety*, February 17, 2007.
8. "ESPN, Nielsen Take Step Toward 'Total Audience' Measurement...", *Advertising Age*, October 17, 2007.
9. "Start-Up Rivals Target Nielsen", Variety.com, February 17, 2007.
10. "Google Prepping Big Band Marketing Dashboard", *MediaPost Publications*, October 25, 2007.

Capítulo 5

1. "2007 Marketing Outlook", CMO Council.
2. "The Challenges Facing Today's Business Leaders", *Journal of Direct, Data and Digital Marketing Practice*, May 15, 2007.
3. "Shelly Lazarus Wants Media Back at the Table", *Advertising Age*, November 19, 2006.
4. "The Challenges Facing Today's Business Leaders", *loc. cit.*
5. "Electronic Media, Marketing and Advertising Buyer Value Study", Sapient and Evalueserve, December 2006.
6. "Google Tests New Ad Offerings? But Will Advertisers Follow?", *Wall Street Journal*, December 14, 2006.
7. "Microsoft to Increase Ad Business", *New York Times*, October 2, 2007.
8. Microsoft Corporation, first quarter 10-Q filing, September 30, 2007.
9. "Gillette Taps 9,000 Creatives Online", *Advertising Age*, September 17, 2007.
10. "Acquisition of 24/7 Real Media", WPP company presentation, May 2007.
11. "The Challenges Facing Today's Business", *loc. cit.*
12 "Publicis Plans to Buy Digitas to Add to Online Presence", *New York Times*, December 21, 2006.
13. "It's an Ad, Ad, Ad, Ad World", *New York Times*, August 6, 2007.
14. "Is Mad. Ave. Ready to Go Naked?", *Fast Company*, October 2005.
15. "Mass Redundancies Offered at DraftFCB", BrandRepublic, October 11, 2007.

Capítulo 6

1. "The Upfront Vanishes", ThirdWayBlog.com, May 15, 2006.
2. "Johnson & Johnson Pioneers New Marketing Rules", *Advertising Age*, May 23, 2006.
3. "Johnson & Johnson Reallocates Budgeting in Favor of Online Marketing", *BizReport*, March 20, 2007.
4. "The Envelope, Please", *JNJ BTW*, July 17, 2007.
5. "The Reinventor, Kim Kadlec", *Media Industry Newsletter*, November 1, 2006.
6. *Advertising Age*, *op. cit*.
7. "Meredith Expands Marketing Services Portfólio, Acquires Directive", *Media Daily News*, MediaPost Publications, October 5, 2007.
8. "Meredith Serves Up 'Holiday Party'", *Mediaweek*, October 30, 2007.
9. "Q1 2007 Earnings Call Transcription", Meredith Corporation, October 24, 2007.
10. "Q&A: AKQA's Ajaz Ahmed on Internet marketing", e-consultancy.com, February 6, 2007.
11. *Ibid*.
12. "AKQA Poised for Expansion,..." *San Francisco Business Times*, August 3, 2007.
13. *Ibid*.
14. "Q&A: AKQA's Ajaz Ahmed on Internet Marketing", econsultancy.com, February 6, 2007.
15. "AKQA Buys SearchRev; More Deals to Come", *Online Media Daily*, August 23, 2007.
16. "AKQA Adds Search Tech Firm", *Adweek*, August 22, 2007.

ÍNDICE

O

P